Otto Brahm

Gottfried Keller

Ein literarischer Essay

Otto Brahm

Gottfried Keller
Ein literarischer Essay

ISBN/EAN: 9783743365575

Hergestellt in Europa, USA, Kanada, Australien, Japan

Cover: Foto ©Thomas Meinert / pixelio.de

Manufactured and distributed by brebook publishing software (www.brebook.com)

Otto Brahm

Gottfried Keller

Gottfried Keller.

Ein literarischer Essay

von

Otto Brahm.

Berlin.
Verlag von A. B. Auerbach.
1883.

Alle Rechte vorbehalten.

Gedruckt bei Julius Sittenfeld in Berlin.

Inhalt.

                                                                       Seite

An Gottfried Keller. Sonett von Paul Heyse 7
Einleitung 9
    Pessimismus und Optimismus in der gegenwärtigen Poesie 9. Keller und das Publikum 11. Absicht der Untersuchung 12.

I. Allgemeine Charakteristik 13
    Biographische Notiz 13. Das Schweizerische in Keller 13. Das Deutsche in Keller 15. Romantische Stimmungen 16. Realistisches und Phantastisches 17. Vereinigung dieses Beiden ist Ideal seiner Poesie 18. Beispiele aus seinen Dichtungen 19.

II. Die Zeit des Subjectivismus 21
    Drei Perioden in Keller's Dichten 21. Erste Periode: Politische Gedichte 21. Analogien zwischen den Gedichtsammlungen und dem Grünen Heinrich 22. Philosophische Probleme 23. Optimismus 24. Die Schwabenschule 26. Charakteristik der Gedichte 27. Das Cyklische eine Lieblingsform Keller's 28. Grundproblem des Grünen Heinrichs 29. Unglückliche Bildungsverhältnisse 30. Unglückliche Naturanlage 32. Rationalismus und Pietismus Heinrichs 34. Tragischer und glücklicher Ausgang 35. Werdeproceß der zweiten Ausgabe des Romans 37. Veränderte Form 40. Mängel der Umschmelzung 41. Analogie zu Goethe'schen Dichtungen 42. Verschiedenheit von Goethe'schen Dichtungen: Der Grüne Heinrich ist kein Typus 44. Seine Launenhaftigkeit 45. Frauencharaktere 46. Keller und Jean Paul 48. Der Grüne Heinrich und der „Titan" 51. Jean Paul'sche Naturschilderung 55. Eine Probe aus dem Grünen Heinrich 57. „Pankraz der Schmoller" und „Regel Amrain," Seitenstücke zum Roman 65.

III. Die Leute von Seldwyla. Sieben Legenden 67
    Romeo und Julia auf dem Dorfe seine erste objective Dichtung 67. Zusammenhang mit der früheren Pro-

Seite

duktion 68. Das Schweizerische in den Seldwyler Novellen: Motiv der Läuterung 69. Das Phantastische 70. Das Seltsame 71. Contrastwirkungen 72. Keller's Kunst hat ihren eigenen Stil 73. Spiegel das Kätzchen 73. Eine Probe aus den Leuten von Seldwyla 75. Das Schweizerische in den Sieben Legenden: Homo sum 82. Vertiefung der Vorlagen nach der ethischen Seite 84. Nach der poetischen Seite 86. Eine Probe aus den Sieben Legenden 88.

IV. Züricher Novellen. Sinngedicht 95
Unterschied zwischen der zweiten und dritten Periode 95. Pädagogischer Zug der Züricher Novellen 96. Keller's Kinderliebe 97. Hadlaub: Motiv der Läuterung 98. Aechte und falsche Gescheidtheit 99. Landvogt von Greifensee: Analogie zum Roman 99. Eine Probe aus den Züricher Novellen 101. Optimismus des Sinngedichts 110. Auszug des Herrn Ludwig Reinhard 111. Eine Probe aus dem Sinngedicht 112. Keller erzählt realistische Märchen aus der Gegenwart 121. Das Problem der Ehe 122. Zusammenhang seines Problems mit Themen der Sturm- und Drangzeit, Immermann's, Auerbach's, Freytag's und Ibsen's 123.

V. Charaktere Keller's 125
Reichthum seines Schaffens 125. Lieblingsfiguren 125. Männliche Helden 127. Passivität, Unbeweglichkeit 128. Mädchengestalten: schöne Sterne gleich den Frauen Shakespeare's 130. Hängen seltsamen Käuzen nach 131. Keine Liebeserklärung 132. Schalkhaftigkeit seiner Frauen 132. Das Lächeln 132. Erröthend lachen: ein Symbol 135. Polemik gegen den Blaustrumpf 136. Schöne Frauenbilder 137.

VI. Das Sinnbildliche bei Keller 139
Keller als Landschaftsmaler: Beschreibungen 139. Uebereinstimmung zwischen dem Dichter und dem Maler Keller: das Beziehungsreiche 140. Keine gedankenhaften Abstractionen 140. Keller setzt Vorstellung in Anschauung um 141 Vorliebe für poetische Winkel und Beziehungen 143. Correspondirende Erlebnisse 144. Abrunden und Auswachsenlassen 146. Naive Symbole 147. Die Allgewalt der Darstellung 148.

An Gottfried Keller.

Wie an der Regenwand, der nüchtern grauen,
Der Bogen funkelnd steht in freud'ger Helle,
So dürfen wir an deiner Farbenquelle
Im grauen Duft des Alltags uns erbauen.

Der Schönheit Blüt' und Tod, das tiefste Grauen
Umklingelst du mit leiser Thorenschelle
Und darfst getrost, ein Shakespeare der Novelle,
Dein Herb und Süß zu mischen dir getrauen.

Dem Höchsten ist das Albernste gesellt,
Dem schrillen Wehlaut ein phantastisch Lachen,
Um Heil'ges lodern Sinnenflammen schwüler.

So sehn wir staunend deine Wunderwelt.
Der Dichtung goldne Zeit scheint zu erwachen
Auf euren Ruf, unsterbliche Seldwyler.

Paul Heyse.

Wenn heute die Aufgabe gestellt würde, entscheidende, grundlegende Merkmale unserer gegenwärtigen Poesie, im Unterschied zu jener früherer Epochen, festzustellen, so würde als einer der hervorstechenden Züge ein negirendes und pessimistisches Moment zu bezeichnen sein. Um von dem Nächstliegenden auszugehen: die beliebtesten unter unseren deutschen Erzählern, Dichter wie Heyse, Storm oder Spielhagen, haben gerade in ihren jüngsten Werken von Jahr zu Jahr mehr diese Stimmung vorwalten lassen. In trübe, verkommene, dem Zusammenbruch nahe Lebensverhältnisse, ohne Lichtblick, ließ uns Spielhagen in „Platt=Land" hineinschauen; Resignationspoesie gab er in „Quisisana," Resignationspoesie in „Angela" und er lieh der Heldin in seinem jüngsten Buche eine zweifelnde und verneinende Philosophie, von der es nicht klar wird, inwieweit er selbst mit ihr sich identificirt.

In der historischen Erzählung vertritt dieselben Anschauungen sehr bestimmt Felix Dahn: sein „Kampf um Rom" liegt auf derselben Linie etwa mit „Platt=Land," „Odhin's Trost" ist Poesie der Entsagung. Es kann außer Acht bleiben, wieviel für diese Beiden, wieviel für Heyse in Dichtungen wie den „Versen aus Italien" und dem ergreifen=

den Drama „Alkibiades" durch persönliche und individuelle Lebenserfahrungen gegeben war, und es kann ebenso sehr außer Acht bleiben, was von hellerer Poesie dieser Wahrnehmung etwa widerspricht; nur auf den Grundzug kommt es hier an, der unter dem Einfluß allgemeinerer Stimmungen (nebenher auch unter dem stetig wachsenden Einfluß der Schopenhauer'schen Philosophie) sich herausgebildet hat und den auch die Erzeugnisse fremder Poesie deutlich erkennen lassen. In Rußland hat Turgenjew, in Frankreich Daudet mit „Fromont jeune & Risler ainé" und „Jack" diesen Ton angeschlagen, dem dann, herber noch und paradoxer Zola gefolgt ist; für Skandinavien, dessen Poesie immer mehr Verehrer unter uns gewinnt, ist Ibsen vorangegangen, und die jüngere sogenannte Brandes'sche Schule, ein Schandorph und Kielland, schlossen sich an. Auch für die anderen Künste hat diese Behauptung ihre Geltung: es genügt, für die Musik den Namen Richard Wagner zu nennen.

Diesen Autoren steht, was die deutsche Literatur anlangt, wenn ich von der Sekte der Scheffelianer absehe, insbesondere eine um zehn bis zwanzig Jahre ältere Generation gegenüber, die noch immer die Fahne des Optimismus hochhält und, auf philosophischem Gebiete, dem Heros Schopenhauer den Heros Spinoza, den Pantheismus oder den Theismus entgegenstellt: Gottfried Keller, Berthold Auerbach (den man ja unwillkürlich noch immer unter die Lebenden stellt), Gustav Freytag.

Gottfried Keller's Werke haben lange unter einem ungünstigen Sterne gestanden, sie sind nur von einem kleinen, engen Kreise dankbar aufgenommen worden, und wenn man außerhalb dieses Kreises von dem Dichter sprach, so konnte man einer völligen Unkenntniß begegnen, die nicht einmal von dem Namen des Poeten wußte. Weit entfernt, daß dieser Umstand gegen den Dichter spräche, spricht er vielmehr laut und beredt für seine Größe: nur das Gewöhnliche verkennt man niemals und alle Literaturgeschichte lehrt, daß die Kotzebue, welche zuerst lustig mit dem Strome schwammen, nur um so schneller wieder ans flache Ufer geworfen wurden, während die Kleist auf einsamer, aber zielsicherer Fahrt das Weltmeer der Unsterblichkeit erreichten. Für Keller ist der Umschwung zum Glück noch in seinen Lebzeiten eingetreten und stetig und mächtig wächst die Zahl derer, denen die Bedeutung seiner Dichtung aufgegangen ist und die sich zu Aposteln seines Ruhmes machen. Poeten und Kritiker haben ihm gehuldigt, Männer wie Auerbach, Heyse, Spielhagen, Vischer, Wilhelm Scherer, die Bedeutung seiner Schöpfungen oft und laut gepriesen. Heute ist es entschieden, daß er zu den allerersten deutschen Dichtern gehört. Keine „engere Gemeinde" hat sich — zum Glück — um ihn gebildet, keine Clique, die ihren eigennützigen Cultus mit ihm treibt — wie denn auch Keller wenig Neigung haben möchte, den „Kunstpapst" zu spielen; aber die Besten der Nation lauschen ihm und das Verständniß für seine Kunstweise gilt mit allem Recht als ein Gradmesser des Geschmackes. Auf den Lebensabend des einsamen Mannes in Zürich fällt so ein hellleuchtender Schein, der, auch wenn er dem an bescheidenere Lichteffecte Gewöhnten oft zu grell dünken mag, doch hoffentlich ihm zu neuen Arbeiten die Laune giebt.

Ob indessen mit der anwachsenden Verehrung Keller auch einem immer eindringenderen Verständniß begegnet? Die Frage soll nicht verneint werden, aber eine Betrachtung seines gesammten Schaffens, auf einer vertrauten Kenntniß des Dichters aufgebaut, dürfte gerade gegenüber Keller nicht unwillkommen sein. Indem ich hier den Versuch mache, das Bild des Dichters zu formen, und von der schweren und zögernden Entwickelung der ersten Arbeiten zu den goldenen Früchten seiner reifen Mannesjahre den Leser hinzuführen, wende ich mich zunächst an diejenigen, welche es bereits wissen, wie viel Schönes und Hohes der Name Gottfried Keller in sich schließt. Wollen es indeß auch solche mit mir wagen, denen die Bedeutung des Mannes bisher nicht voll sich erschließen mochte, oder denen gar die Kenntniß seiner Werke sich ganz entzogen hat bis heute, so werden auch sie vielleicht am Ende unserer freilich etwas mühseligen, gemein= samen Wanderung mit besserer Ueberzeugung den Werken des Dichters sich zuwenden. Ihr Verlangen nach dem Gan= zen zu reizen, sind die einzelnen Proben aus Keller'schen Schöpfungen bestimmt, welche ich in reichlicher, aber hoffent= lich nicht allzureichlicher Zahl dieser Untersuchung einfüge.

I.

Gottfried Keller ist 1819 in Zürich geboren. Er hat etwa acht Jahre in Deutschland verbracht, als angehender Landschaftsmaler in München, als akademischer Hörer in Heidelberg und Berlin, und ist dann in die Heimath zurückgekehrt, wo er bis heute gelebt hat; zuerst als Privatmann, dann durch fünfzehn Jahre als Staatsschreiber des Cantons Zürich, und jetzt wieder als Privatmann.

Aus dieser trockenen und äußerlichen Notiz geht dennoch ein Wesentliches hervor.

Keller ist zweierlei: ein schweizerischer und ein deutscher Dichter.

Schweizerisch in Keller ist das Naturell. Schweizerisch sind seine Figuren. Die Schweiz ist das Local seiner Erzählungen, des „Grünen Heinrich," der „Leute von Seldwyla," der „Züricher Novellen." Selbst das Märchen „Spiegel das Kätzchen" trägt sich in der Schweiz zu. Nur für die „Sieben Legenden" war das Local theils durch die Ueberlieferung gegeben, theils war eine örtliche Fixirung unmöglich; und auch in den neuen Novellen, dem „Sinngedicht", ist eine solche Fixirung vermieden. Dennoch wird man das Schweizerblut in einigen Figuren unschwer erkennen, z. B. in der Magd Regine, einem der „großen Menschenbilder," wie sie der Dichter liebt und wie sie in Zürich Einem wohl begegnen können; ein ähnliches großes schweizer Menschenbild ist jene rothhaarige Sünderin in den „Legenden," welche den Bemühungen des schlimm-heiligen Vitalis gegenüber so hartnäckige Renitenz beweist.

Aber dieses Schweizerische in dem Naturell Keller's, in seinen Figuren — worin besteht es? Lebt es nur in dem Freiheitsgefühl des Republikaners, in dem lebhaften patriotischen Empfinden des Dichters und seiner Personen, in dem innigen Behagen an den Festen der Nation, an Mörserschießen und Schützenfest und Tellspiel? Nein, es steckt tiefer, es manifestirt sich vor Allem als der Sinn für das Ehrsame und gut Bürgerliche. Wenn ich von dem Schweizerischen in Keller rede, so meine ich das Tüchtige und Gerade, das Praktische und Verständige, das Maßvolle und Realistische, das Trockene und Derbe. Echt schweizerisch ist er, dieser Hansli Gyr, in der „Ursula," der sich von der Geliebten abwendet, weil er nur in Verständigkeit und Ordnung und klarer Luft zu leben vermag, weil ihm die bürgerliche Ehre nothwendig ist zum Athmen; oder dieser Statthalter im „Grünen Heinrich," der den berechtigten Eigennutz, auch der Allgemeinheit gegenüber, zu vertheidigen weiß, und den großen Unterschied zwischen dem freien Preisgeben des Errungenen und dem trägen Fahrenlassen dessen, was man nie voll besessen. Keine vagen Ideale kennt der schweizer Dichter, keine vornehmen blasirten Nichtsthuer schildert er, sondern ganze Menschen mit Vorzügen und Fehlern, mit Tugenden und Lastern; sind sie auch mit Narrheiten oft reichlich gesegnet, so sind es doch heilbare Narrheiten, und aus der gesunden Cur werden die Patienten meist geläutert entlassen.

Dies also das schweizerische Element in Keller, das ich nun, ohne mißverstanden zu werden, als das realistische bezeichnen darf. Manche seiner Landsleute, wie Jeremias Gotthelf, haben hieraus, und hieraus allein, ihre Kraft gezogen. Sie sind Localdichter, in dem Sinne, wie es Reuter und Anzengruber sind.

Nicht so Gottfried Keller. Von früh auf hat er deutschen Bildungseinflüssen sich hingegeben. Er hat Jean Paul, die Romantiker, die schwäbische Schule auf sich wirken lassen, Goethe's, als selbstverständlich, nicht zu gedenken. Wenn er im zwanzigsten Jahre nach Deutschland kommt, so folgt er keinem Zufall, sondern einem inneren Triebe: er geht in das Land seiner Wahl. Er empfindet die Schwierigkeit, seine Liebe zu der engeren Heimath mit der zu dem großen stammverwandten Volke, dem „zweiten Heimathsland," in Einklang zu bringen, allein er trachtet sie zu überwinden, er singt angesichts des Schaffhausener Falles:

> Wohl mir, daß ich dich endlich fand,
> Du stiller Ort am alten Rhein,
> Wo, ungestört und ungekannt,
> Ich Schweizer darf und Deutscher sein!

Er glaubt so wenig wie der grüne Heinrich an eine schweizerische Kunst und Literatur. Das Alpenglühen und die Alpenrosenpoesie sind bald erschöpft; und so schwört der „französische Schweizer zu Corneille, Racine und Molière, der Tessiner glaubt nur an italienische Musik und der deutsche Schweizer lacht sie beide aus und holt seine Bildung aus den tiefen Schachten des deutschen Volkes."

„Aus den tiefen Schachten des Volkes" — darin liegt für ein aufmerksames Ohr schon die besondere Richtung, die des Dichters Geist genommen, die besondere Stimmung seiner Zeit. Es ist die Zeit, in welcher man, wenn „Volk" gesagt wurde, etwas ungewöhnlich Geheimnißvolles, Mystisches, Ursprüngliches und Tiefes meinte. Es ist die Zeit von des Knaben Wunderhorn, von Uhland und von Heine, die Spätzeit der Romantik, wo die Begeisterung für das aus dem Innersten des Volksgeistes geschöpfte Volkslied auf der Höhe stand. Ebenso, wenn der grüne Heinrich „Deutschland" sagt, so meinte er „das poetische und ideale Deutschland, wie sich letzteres selbst dafür hielt und träumte. Er hatte nur mit Vorliebe das Bild in sich aufgenommen, welches Deutschland durch seine Schriftsteller von sich verfertigen ließ. Das nüchterne, praktische Treiben seiner eigenen Landsleute hielt er für Erkaltung und Ausartung des Stammes und hoffte jenseits des Rheines die ursprüngliche Gluth und Tiefe des germanischen Lebens noch zu finden. Alles aber, was er sich unter Deutschland dachte, war von einem romantischen Dufte umwoben." Man sieht: alle Schätze, wonach die unbefriedigte Phantasie des Dichters verlangt, und die sie in der Schweiz entbehren muß, meint sie in Deutschland zu heben; wenn wir das Schweizerische als gleichbedeutend nehmen mit dem Realistischen, so ist, im Sinne des Dichters, das Deutsche so viel wie das Romantische, Poetische, Traumhafte, Phantastische.

Die Vereinigung dieser beiden Elemente, des Realistischen und des Phantastischen, macht den hervorstechendsten

Zug in Keller's Wesen aus. Von Anfang an hat er sie erstrebt, und bis heute daran festgehalten. Ich will nicht sagen, daß er sie stets erreicht hätte, diese Vereinigung, nicht selten fließen bei ihm die beiden Ströme neben einander her, wie Rhein und Mosel, und wollen ihre besondere Farbe nicht aufgeben. Aber doch liegt hier, wie mir scheinen will, der Weg, welchen die Dichtung der Zukunft wir beschreiten müssen, wenn sie nicht einseitig sich bescheiden will, entweder auf das specifisch „Poetische" zu verzichten, oder auf die Gestaltung des specifisch „Modernen." Keller aber will nicht das Eine, nicht das Andere — er ist dem Romantischen zugewandt, aber dem Modernen nicht minder. Er richtet sich gegen Justinus Kerner, der in weltfremder Schwärmerei sich in der Zeit, der dampfestollen, von der Erde lieblos ausgeschlossen sah; aber Keller scheint die Poesie nicht entflohen, es sieht auf dieser Erde „noch lange nicht so graulich aus," und, so singt er,

> Willst träumend du im Grase liegen,
> Wer hindert dich, Poet, daran?

Die Caprice der Romantiker kennt auch er, aber als ästhetisches Motiv, nicht als Princip; Laune ist bei ihm in der Erfindung, nicht in der Ausführung, dort ist er der strenge Künstler und der moderne Realist. Er hat Phantasie, nicht die Phantastik hat ihn, wie einst Callot=Hoffmann. Er liebt das Seltsame, das Absonderliche und das Willkürliche, aber er kennt Maß in der Willkür; er hat die Caprice in künstlerische Zucht genommen, sie ist nicht seine Herrin, wie bei Brentano, sondern seine Helferin.

Sehr früh schon, in einem Gedicht an Freiligrath, aus dem Jahre 1845, hat Keller versucht, jene Synthese von Realistischem und Phantasievollem als das Ideal der Poesie hinzustellen. Zwei Genien, meint er, stehen an der Wiege des Dichters:

> Hell von Krystall hält dieser eine Schale
> Voll, bis zum Rand, von feuergoldnem Wein
> Belebt, durchweht vom reinsten Sonnenstrahle;
> Des Andern Schal' ist dunkler Edelstein,
> Rubin, und faßt des Mohnes dunkeln Saft,
> Durchwoben von des Mondes Zitterschein.

Man sieht, wie der Dichter mit dem Gedanken ringt und wie schwer er zur Klarheit sich durcharbeitet. Auf die eine Seite setzt er Krystall, Wein, Tag und Sonnenstrahl, auf die andere Rubin, Mohn, Nacht und Mondesschein. Aus beiden Schalen aber, aus Tag und Nacht, strömt des Poeten Sein, ein sinnig Schauen hier, ein träumerisch Versenken dort:

> Und Preis dem Dichter, wenn die Lebensbecher
> Ihm reich erfunkeln und in gleicher Pracht!
> Doch Halbpoet ist nur der trunkne Zecher,
> Der aus dem einen überwiegend trinkt.

Man fühlt sich an des jungen Goethe aufschlußreichen Ausspruch erinnert: „Poesie ist nicht Wahrheit, noch Unwahrheit; nicht Tag, nicht Nacht, sondern Dämmerung."

Aber was Keller uns hier theoretisch ausgesprochen hat, — ist es wirklich praktisch geworden in seiner Dichtung? Wir brauchen nur die ersten Seiten des „Grünen Heinrich" aufzuschlagen, um die Frage zu beantworten. Der

Autor beschreibt die schweizer Städte, welche an einem See und an einem Fluß zugleich liegen, wie Zürich, Luzern, Genf, und fährt dann fort: „Die Zahl dieser Städte um eine eingebildete zu vermehren, um in diese, wie in einen Blumenscherben, das grüne Reis einer Dichtung zu pflanzen, möchte thunlich sein: indem man durch das angeführte Beispiel das Gefühl der Wirklichkeit gewonnen hat, bleibt hinwieder dem Bedürfnisse der Phantasie größerer Spielraum." Ganz dasselbe Verhältniß von Wahrheit und Dichtung ist in der Vorrede der „Leute von Seldwyla" angedeutet: „Seldwyla bedeutet nach der älteren Sprache einen wonnigen und sonnigen Ort und so ist auch in der That die kleine Stadt dieses Namens gelegen irgendwo in der Schweiz." In der Schweiz — das giebt bestimmtes Erdreich, die Farbe und den Duft der Wirklichkeit; irgendwo — das giebt Freiheit der Bewegung und gestattet der Phantasie ihr schönes oder heiteres Spiel.*) Und durchaus bestätigt die Durchführung der Idee das Gesagte. Nehmen wir etwa die Novelle „Kleider machen Leute," eine der reizendsten, humorvollsten und abgerundetsten der Sammlung. Die Voraussetzung ist höchst wunderlich: Ein Schneider soll für einen Grafen gehalten werden lange Zeit hindurch, ohne daß er etwas Schlimmes oder Betrügliches im Schilde führt. Der Dichter aber weiß so viel realistische Einzelheiten zu erfinden:

---

*) Ich bin schuldig anzuführen, daß dieses letzte Beispiel schon Berthold Auerbach angezogen hat, in dem sehr bemerkenswerthen geistreichen Aufsatz „Gottfried Keller von Zürich." (Beilage der Allgemeinen Zeitung vom 17. April 1856.)

wie der Schneider durch einen herrschaftlichen Kutscher in's Hotel gebracht wird gegen seinen Willen, wie seine ängstliche Schweigsamkeit für Vornehmheit gilt, sein zaghaftes Genießen der Speisen für verwöhnte Blasirtheit, — daß er in der That das Unmögliche möglich macht. Und indem er seinem Helden einen Sinn für das Zierliche und Noble verleiht, ein angeborenes Bedürfniß, etwas Außergewöhnliches vorzustellen, giebt er der merkwürdigen Geschichte den stärksten Halt; dieses Streben nach oben, sagt man sich, mußte einmal hervorbrechen, und darum ist die Erfindung tief innerlich berechtigt, trotz der unglaubhaften Einkleidungsform. Selbst im Märchen und der Legende giebt Keller seine Realistik nicht auf. So sind in „Spiegel das Kätzchen" ein paar Voraussetzungen phantastisch, man muß auch glauben, daß Thiere sprechen, und daß es Hexen und Zauberer giebt; allein die weitere Durchführung ist wiederum vollkommen realistisch und von einer zwingenden Folgerichtigkeit.

II.

Wenn ich den Versuch machen soll, in Keller's Dichten einzelne Perioden zu unterscheiden — bei einem noch lebenden Autor von seiner Bedeutung und Art keine leichte Aufgabe — so würde ich deren drei aufzustellen haben, unter denen die erste, die Periode des jugendlichen Ringens mit dem Subjectivismus, sich sehr viel bestimmter von der zweiten und dritten scheidet, als die zweite und dritte von einander.

In die erste Periode rechne ich die „Gedichte" (1846), die „Neueren Gedichte" (1851 und 1854), den „Grünen Heinrich" (1854—55) und aus den „Leuten von Seldwyla" die beiden Novellen „Pankraz der Schmoller" und „Regel Amrain" (1856).

Gedichte sind das Erste gewesen, was Keller auf poetischem Gebiet geschaffen hat. Und zwar zunächst politische Gedichte. Der Parteimann in ihm hat dem Poeten die Zunge gelöst. Man kennt die erbitterten Kämpfe der schweizer Liberalen in den vierziger Jahren gegen den Sonderbund und die Pfaffen: in ihnen hat sich der Dichter auf der Seite der Freiheit bethätigt. Herwegh, Freiligrath sind seine Vorbilder. Ein glühender Freiheitsdurst, ein fanatischer

Haß gegen die „Spinne von Rom", ein äußerster Radicalismus, der vor nichts zurückschreckt, erfüllt ihn. Er träumt vom ewigen Völkerfrieden. Er sieht die Jesuiten einziehen, Loyola's wilde verwegene Jagd: „sie kommen, die Jesuiten." Aehnlich hat der Dichter noch im vierten Bande des „Grünen Heinrich" einem seitenlangen Excurs gegen den Jesuitismus, diese „ungeheure hohle Blase," Raum gegeben, der erst in der neuen Ausgabe (von 1881) beseitigt ist.

Ich betone dieses „im vierten Bande," weil das erste große Werk Keller's durch viele Jahre sich hinzieht, von 1847 bis 1853. Beide Sammlungen der Gedichte bieten zu dem „Grünen Heinrich" Analogien, es sind die gleichen Motive, die gleichen Probleme, die hier wie dort anklingen. Und zwar entspricht die erste Sammlung mehr den älteren Bänden, die zweite mehr den jüngeren, wie aus der Gleichzeitigkeit der Entstehung leicht begreiflich. In den ersten Gedichten, wie im „Grünen Heinrich," ist von Tod und Kirchhof oft und oft die Rede; die Jugendgeliebte des Autors erkrankt und stirbt. In beiden Werken hat er zur Mutter ein nahes und inniges Verhältniß, aber die Mutter ist nüchtern und schlicht: „meine Mutter ist romantisch nicht." In den „Neueren Gedichten" sucht der Dichter, wie im vierten Bande des Romans, mit all der Bildung fertig zu werden, die er so emsig eingesammelt hat; die harte Speise liegt ihm gewaltig auf dem Magen und giebt ihm Beschwerden. Er sucht in Vers und Prosa sich mit philosophischen und naturwissenschaftlichen Problemen auseinanderzusetzen, er erfreut sich an der Erkenntniß von der Schnelligkeit des Lichtes und seinem ewigen Kreislaufe, er erkennt, daß die Begriffe von Raum und Zeit nur dem menschlichen Vorstellen entspringen:

> Die Zeit geht nicht, sie stehet still,
> Wir ziehen durch sie hin;
> Sie ist eine Karavanserai,
> Wir sind die Pilger drin.

Man merkt, daß es sich hier nicht um blasse Gedankenpoesie handelt, um die Versificirung von Kant's „Kritik," sondern daß ein Dichter spricht, der nur nebenbei ein nachdenklicher Mann ist und auf der Höhe der Bildung seiner Zeit steht; daß in seinem Empfinden das für Andere blos Abstrakte und Gedankenhafte sofort nach einer sinnlichen Umkleidung verlangt. Ebenso nehmen für den grünen Heinrich die Dinge unversehens neben ihrer sachlichen Form in der Phantasie runde, körperliche Gestalt an: „Heinrich faßte alles Wissen sogleich in ausdrucksvolle poetische Vorstellungen, wie sie aus dem Wesen des Gegenstandes hervorgingen und mit demselben Eines waren, so daß er die allerschönsten Symbole besaß, die in Wirklichkeit und ohne Auslegerei die Sache selbst waren und nicht etwa darüber schwammen, wie die Fettaugen über einer Wassersuppe." Es ist dies ein wichtiges Moment, auf das wir im Verlauf dieser Betrachtung noch werden zurückgeführt werden.

Wie im „Grünen Heinrich," so nehmen auch in den Gedichten die Betrachtungen über Gott und Unsterblichkeit das Interesse in Anspruch. Wieder vergleicht sich die erste

Sammlung dem Anfang des Romans, die zweite den späteren Theilen. Für die Unsterblichkeit kämpft die erste, gegen die Unsterblichkeit die zweite. Erzählen in den „Gedichten" die Sterne geheim vom ewigen Frühling, von Unsterblichkeit, so lehren in den „Neueren Gedichten" die Lilien und die Rosen, sich willig hinzugeben dem ewigen Nimmerwiedersein. Aber ob der Dichter, wie in der ersten Zeit, an die Dinge jener Welt noch glaubt, ob er fühlt, wie die anerzogenen Gedanken von Gott und Unsterblichkeit sich in ihm lösen — auf sein Empfinden gegenüber dieser Welt hat es keinen Einfluß: „Auch ich glaub' wandellos, Hier ist gut wohnen." Das ist nicht der Optimismus eines Menschen, der nichts erlebt und nichts gedacht hat, sondern eines tief bewegten Geistes, der dem Zweifel wie der Reue ins Angesicht geschaut hat, dem Tode und dem Leben, dem Weinen und dem Lachen: nur wer beides kennt, ist ein ganzer Mann.

> Wer ohne Schmerz, der ist auch ohne Liebe,
> Wer ohne Leid, der ist auch ohne Treu',
> Und dem nur wird die Sonne wolkenfrei,
> Der aus dem Dunkel ringt mit heißem Triebe.

Ein anderes ist der Optimismus eines schwäbischen Käferle=Dichters, ein anderes der Optimismus Gottfried Keller's und wir mögen uns glücklich schätzen, daß dieser hervorragende Künstler die Freude am Dasein durch alles Kämpfen hindurch so voll sich bewahrt und so überzeugend ausgesprochen hat. Es sind seine schönsten Verse, voll von jener eigenthümlichen inneren Rhythmik, jener immanenten Melodik, in denen er diese Lehre verkündet:

> Wohl wird man edler durch das Leben
> Und strenger durch die herbe Qual;
> Doch hoch erglüh'n in heißen Freuden,
> Das adelt Seel' und Leib zumal!

So ist es nicht lächerlich, wie bei den privilegirten Natursängern, sondern herzerquickend, wenn der Dichter von der Pracht der Natur enthusiastisch singt:

> Von Glanz und Lust und Klarheit voll
> Ist alle diese reiche Welt,
> Weiß nicht, wie ich mich wenden soll,
> Daß Schönheit nicht sich vor mich stellt.

Als der echte Poet, der er ist, besitzt er die Sensibilität gegenüber der Natur, welche immer von Neuem die Seele in Schwingungen versetzt; er hat die Gabe des naiven Staunens, das den Anfang der Poesie wie der Wissenschaft bedeutet:

> „Ich wundre mich über die Maßen,
> Wie's überall doch so schön!"

Oder, wie es ein ander Mal heißt:

> „Mir ist als ob's meine Seele wär',
> Die verwundert über das Leben,
> Ueber das Hin- und Wiederweben,
> Lugt und lauschet hin und her."

Auch das Abbild des Dichters, der grüne Heinrich, besitzt diese Gabe, sich über das kleinste Neue zu wundern, er besitzt „eine unverwüstliche Pietät für die Natur." „Eine neue Art von bemalten Fensterladen oder Wirthshausschildern, eine eigenthümliche Gattung von Brunnensäulen oder Dachgiebeln machen ihm die größte Freude."

Ich habe mehrfach die Schwabenschule genannt, und in der That, ein innerer Zusammenhang zwischen dem Naturgefühl der Uhland und Kerner und jenem Keller's läßt sich nicht verkennen. Gleich das erste Lied der ersten Sammlung wendet sich an die Natur: „Geliebte, die mit ew'ger Treue Und ew'ger Jugend mich erquickt, Du einz'ge Lust die ohne Reue Und ohne Nachweh mich entzückt." Aber während die Schwaben, mit einem Nachklang Rousseau'schen Empfindens, der Natur „ans Herz fallen" als Weltflüchtlinge, die vom Leben ausruhen wollen, während für sie Natur und Mensch Gegensätze sind, knüpft Keller an die Naturbetrachtung stets das Menschliche an; nicht nur der Dichter und sein Herz, wie bei jenen, sondern gedankenvolle Reflexionen über Politik, Staat, Religion werden eben durch die Naturbetrachtung vor uns lebendig. Nicht immer werden diese Beziehungen auf das Menschliche bestimmt ausgesprochen; aber sie klingen stimmungsvoll an, wenn der Dichter etwa beobachtet, wie ein Trumm von Nagelfluh, der lange nicht von der Stelle wollte, in reißendem Triebe des Frühlings fortgezogen wird: „Du versteinte Herrlichkeit! O wie tanzest Du so schwer Mit der tollen Frühlingszeit — Hinter dir kein Rückweg mehr!" Oder der Dichter sagt deutlicher seine Meinung, wenn er in der üppigen Schwüle des Sommers nach Gewitternacht sich sehnt, „nach Sturm und Regen und Donnerschlag, Nach einer tüchtigen Freiheitsschlacht, Nach einem entscheidenden Völkertag!"; wenn er im Regen-Sommer die Hoffnung hegt auf „Licht und Wärme und — ein gutes Menschenjahr!"

An diesen ersten Poesien Keller's heute eine nachträgliche Kritik zu üben, wäre unangebracht an dieser Stelle, wo es mehr auf das Darstellen als auf das Urtheilen abgesehen ist; doppelt unangebracht, weil wir die Hoffnung hegen dürfen, daß der Autor selbst in einer neuen Ausgabe diese Dichtungen auf die Stufe heben werde, welche der gegenwärtigen Höhe seiner Kunst gemäß ist. Doch darf gesagt werden, daß das stoffliche Interesse beiden Sammlungen gegenüber nicht immer sehr weittragend ist und manches heute mehr einen historischen Werth hat, wie die Gaselen und die durch Daumer's Hafis angeregten Weinlieder; formell sind die meisten Verse wundervoll, und schon die ersten athmen den ganzen frischen Zauber der Sprache, der uns bei Keller so sehr entzückt. Lyrik im engsten Sinn, einfaches Austönen übermächtigen Empfindens, welches so sehr erfüllt ist von sich selbst, daß alles andere davor schwindet, ist seltener als zugleich farbenfrohes und gedankenträchtiges Sinnen. Ueberall Leben und naive Kraft, nirgends Gedankenblässe und Phrase. Viel Polemik in Inhalt und Form; der Dichter geht gern aus von dem, was der Gegner sagt, er läßt ihm zuerst das Wort, bevor er selbst seine Meinung ihm entgegensetzt. So tritt an die Seite des lyrischen Monologs der dramatische Dialog. Oder die Vorliebe des Poeten für das Volksthümliche läßt ihn im Stile des Volksliedes dichten, wie in der „Winzerin," im Stile des Märchens, wie im „Seemärchen," schön und echt, ohne romantische Ironie, ohne daß er, mit oder ohne Absicht, aus dem Tone fiele. Am liebsten aber nimmt seine Dichtung, hier wie später, die Form des Cyklischen an. Solche Cyklen sind das eine Mal „Jahreszeiten" überschrieben, das andere Mal „Morgen," „Abend," „Nacht." Eine Anzahl Liebeslieder begleitet das (offenbar nicht erlebte) Verhältniß zu einer Geliebten von Anfang bis zu Ende; die prächtige „Feuer=Idylle," die zu dem allerschönsten gehört aus dieser Zeit, schildert, nicht ohne leisen symbolischen Nebensinn, in zehn Abschnitten, wie in einem großen Bauernhaus der „morsche Kram zu Asche und Staub" wird unter des Feuers glühend reinem Athem; „die Gedanken eines Lebendig=Begrabenen," einer der phantastischsten Einfälle des Autors, giebt die ganze Folge jener Gedanken bis zum Schwinden des Bewußtseins, in neunzehn Abschnitten (auch dieses mit ironisch=symbolischen Streiflichtern) und so sehr man auch anfangs sich sträubt gegen die ganz unmögliche Erfindung und den schrecklichen Inhalt — der kräftige Realismus der Durchführung und einige glückliche, mildernde Episoden zwingen auch hier schließlich zum Glauben.

Das Cyklische, sagte ich, ist eine Lieblingsform Keller's, in ihr findet sein Genius die gemäßeste Entfaltung. Cyklisch ist das „Sinngedicht" — eine Rahmenerzählung, in die sechs Novellen beziehungsreich eingefügt sind. Cyklisch ist der erste Band der „Züricher Novellen," dessen drei Geschichten zu einem pädagogischen Zweck, zur Besserung und Bekehrung des originalitätssüchtigen Jünglings Jacques vorgetragen werden. Cyklisch sind die „Leute von Seldwyla," welche an dem gemeinsamen Faden der Seldwyler Seltsamkeit zweimal fünf Novellen aufreihen. Cyklisch aber auch bis zu einem hohen Grade ist Keller's Roman, und er würde dem Ideal des Romans besser entsprechen, wäre er es in weniger hohem Grade, wäre Heinrich mehr der alles überragende Held, den die Theorie fordert. Aber häufig ist auch er nur der Faden, an dem allerlei wuchernde Episodik aufgereiht wird, Episodik, die sich nicht einmal verschlingt, sondern einander einfach ablöst. So wird die Geschichte von der Trödlerin Frau Margreth in einem Zuge erzählt, die vom Lügenfreund ganz erledigt, die vom Meierlein, dem Seitenstück zu den „gerechten Kammmachern," von A bis 3 vorgetragen, obgleich sie sich durch viele Jahre erstreckt. Jede dieser Episoden steht allein da, für sich, und nur dadurch, daß sie an Heinrich vorüberziehen, wird eine Art Personalunion hergestellt; das wichtige und große Grundproblem aber tritt davor vielfach zurück.

Welches ist dieses Grundproblem? Und in wie weit steckt Erlebtes dahinter?

Das Grundproblem ist einfach das Folgende: Was wird aus einem künstlerisch veranlagten, vielseitig begabten, sensiblen Menschen, wenn er ohne jede innere Förderung und zugleich frei von äußeren Hindernissen sich entwickelt? Nicht nur „allerlei erlebte Noth und die Sorge, die er der Mutter bereitete," führten, wie Keller später berichtet hat („Gegenwart" 1877, Nr. 1) zur Conception des Romans, sondern wesentlich der Rückblick auf die eigene Entwickelung, und das Gefühl, in allzu großer Freiheit der Bewegung aufgewachsen zu sein. Wie der grüne Heinrich, hat auch Keller den Vater früh verloren. Wie der grüne Heinrich, hat

Keller gezwungen die Schule verlassen müssen und die gewaltsame Unterbrechung hart empfunden. Wie Heinrich hat Keller zuerst bei einem unwissenden Maler, dann bei einem begabten, aber geisteskranken schwere, irrsalsreiche Lehrjahre bestanden.

Allein an einem bestimmten Punkte endigt die Uebereinstimmung; der Dichter hat eine künstliche Steigerung eintreten lassen, die aus inneren Gründen sicher zu erschließen ist. Die Pflanze hat ganz wild wachsen sollen, ohne jede Stütze. Es ist eine Häufung der Bedingungen, aus dem vollkommen erklärlichen Bedürfniß, das Problem so scharf und klar wie irgend möglich herauszuarbeiten. Nicht nur ohne Vater, auch ohne Geschwister soll Heinrich sein, deshalb schweigt der Dichter von seiner Schwester, die er erst später, in „Pankraz der Schmoller," lustig und liebenswürdig eingeführt hat. Keinen nahen Freund hat der grüne Heinrich in der Jugend, kein männliches Vorbild, nach dem er so sehnsüchtig verlangt; „denn nichts gleicht," heißt es noch in „Dietegen," „der Neigung eines Jünglings zu dem Manne, von welchem er weiß, daß er ihm sein Bestes zuwenden und lehren will und den er für sein untrügliches Vorbild hält." Kein Verwandter existirt, kein Freund des Hauses, bei dem er Rath und Hilfe holen könnte; der Oheim Pfarrer auf dem Dorfe ist verbauert, der gute Schulmeister ist der Welt fremd, die Freunde des Vaters ertheilen, als Heinrich sich der Landschaftsmalerei zuwenden will, ein jeder einen anderen unbrauchbaren Rath. Als er nach München zieht, um an die rechte Quelle der Kunst zu kommen, sieht er sich in der fremden Stadt „ganz allein, ohne Empfehlungen und Bekanntschaften"; ein Meister, den er um Rath bittet, stiehlt ihm seine Ideen, und als er endlich in Erichson und Lys geistreiche Genossen gefunden hat, entsagen beide der Kunst plötzlich und für immer. So ist er auch hier gehindert, „in die Werkstatt eines in der Wolle des Gelingens sitzenden Meisters einzudringen" und beschränkt, in den Vorhöfen des Tempels zu stehen; so fühlt er sich auch hier wieder zurückgeführt auf den Einen großen Verlust seines Lebens. Wie rührend klingt seine Klage und seine Resignation: „Ich kann mich nicht enthalten, oft Luftschlösser zu bauen, wie es mit mir gekommen wäre, wenn mein Vater gelebt hätte und wie mir die Welt in ihrer Kraftfülle von frühester Jugend an zugänglich gewesen wäre. Er ist vor der Mittagshöhe seines Lebens zurückgetreten in das unerforschliche All und hat die überkommene goldene Lebensschnur, deren Anfang Niemand kennt, in meinen schwachen Händen zurückgelassen, und es bleibt mir nur übrig, sie mit Ehren an die dunkle Zukunft zu knüpfen oder vielleicht für immer zu zerreißen, wenn auch ich sterben werde. Wie mir das Zusammenleben zwischen Brüdern eben so fremd als beneidenswerth ist, so erscheint mir auch das Verhältniß zwischen Vater und Sohn um so neuer, unbegreiflicher und glückseliger, als ich Mühe habe, mir dasselbe auszumalen und das nie Erlebte zu vergegenwärtigen." Treu dem realistischen Zuge seiner Poesie hat Keller in der That das Verhältniß der Mutter (genauer der Wittwe) zum Sohn oft und oft, und mit vielen intimen Einzelheiten dargestellt, in den Gedichtsammlungen, in „Pankraz der Schmoller," „Regel Amrain," „Verlorenes Lachen," in der Legende „Die Jungfrau und der Ritter"; das Verhältniß zwischen Vater und Sohn oder Bruder und Bruder hat er immer nur in großen Zügen behandelt, so in „Hadlaub" und „Fähnlein der sieben Aufrechten."

Zu den unglücklichen Bildungsverhältnissen des grünen Heinrich kommt nun aber eine unglückliche Naturanlage hinzu, und diese beiden Bedingungen, welche einander ergänzen und steigern, machen aus Heinrich dasjenige, was er ist: eine problematische Natur. Es genügt nicht zu sagen, er sei ein Hans der Träumer, ein Grillenfänger, ein Gefühls= oder Stimmungsmensch; der eigentliche Schaden liegt tiefer. Heinrich geht zu Grunde an der Unmöglichkeit, seine überreiche Innenwelt in Einklang zu setzen mit der Außenwelt. Er ist wie ein Exempel auf die Fichte'sche Philosophie: das Ich ist das wahrhaft Existirende, was außer ihm, hat nur negative Bedeutung, ist Nicht=Ich. Er ist ein Werther, der nicht blos sein Herz, sondern sein ganzes inneres Empfinden hätschelt und verhätschelt, und ihm den Willen thut, wie einem kranken Kinde.

An diesem Punkte liegt der Schlüssel zu dem complicirten Räthsel. Von hier aus erklärt sich die frühe Versenkung Heinrichs in die eigene Entwickelung, die Selbstbespiegelungslust, welcher dieser seltsame Narcissus an sich wahrnimmt. Von hier aus erklärt sich Heinrichs herbe Verschlossenheit, seine keusche Sprödigkeit und das eigenthümliche Schmollen, welches ja das Gegentheil von activem Be=

thätigen vor der Außenwelt ist und sich begnügt an dem schweigenden Bewußtsein: Ich hab' doch Recht. So verschlimmerte Heinrich in der Schule seine Händel stets dadurch, daß er alle Strafen schweigend hinnahm, auch die ungerechten; und er lachte innerlich noch „ganz frohmüthig darüber und dachte, der Richter hätte das Pulver auch nicht erfunden." Wenn er einen Fehler, eine Sünde begangen hat, so kommt nicht von außen, sondern aus dem eigenen Selbst der Rückschlag: in einem bestimmten Augenblick bildet sich das Gefühl des Unrechts heraus und nun, da er mit sich selbst im Klaren ist, ist Alles in Ordnung. Als er die Mutter bestohlen hat, legt sie ihm die Frage vor: „Ist es denn wirklich wahr?" worauf er ein kurzes Ja hervorbrachte und sich seinen Thränen überließ, ohne indessen viel Geräusch zu machen; denn er war nun völlig befreit und fast vergnügt. Als Anna, seine Jugendgeliebte, gestorben, hält er sich still im Hintergrunde und findet keine Thräne, denn „von jeher vermochten nur die aus Schuld oder Unrecht entstandenen Mißstimmungen, die innere Berührung der Menschen, nie aber das unmittelbare Unglück oder der Tod ihm Thränen zu entlocken." Es ist, wenn ich so sagen darf, auch hier ein Schmollen, aber im großen Stile, ein Schmollen mit dem Schicksal, weil in diesen äußeren Vorgängen Schuld und Strafe in keinem Verhältniß stehen. Denn dieses ist der einzige Trost, der Heinrich später im Unglück das Härteste ohne Verbitterung und ohne Hoffnungslosigkeit ertragen läßt: der Glaube, daß eher ein Berg einstürzt, als ein Menschenwesen ohne angemessene Schuld zu Grunde geht.

Und deshalb hat er „Geduld mit dem Schicksal, das will sagen mit sich selbst," er lehnt es ab, in die Heimath zurückzukehren, wenngleich er im Elend ist, so lange er nicht innerlich mit sich im Reinen. Als dies aber eingetreten ist, als sein Schicksal eine klare und fertige Form angenommen und es sich entschieden hat, daß er ein Bettler ist, ein Obdachloser, ist er vollkommen zufrieden und glücklich, so wesenlos dünkt ihn alles Aeußere.

Dieses eigenthümliche Empfinden hat augenscheinlich eine zwiefache Ursache. Die eine ist das Bewußtsein des Künstlers, daß jedes Ding seinen gehörigen, wohlmotivirten Abschluß haben muß. „Es hat ein jeglich Sacrament Anfang, Mitte und weltlich End'." Die andere ist das ungebrochen theistische Fühlen, das Heinrich in sich trägt und das seltsamer Weise zugleich rationalistisch und pietistisch ist. Rationalistisch insofern, als Heinrich in frühster Jugend allen Glauben an die positive Religion von sich gestoßen hat und nun sein Gott einsam und unvermittelt dasteht, wie bei den Deisten des vorigen Jahrhunderts, „ein wahrer Diamantberg von einem Wunder." Pietistisch insofern, als Heinrich sich als ein besonderes Kind Gottes empfindet, ein besonderes, nahes Verhältniß zu ihm hat und für seine eigene Person kleine Wunder erbittet, die als „so merkwürdige und theatralische Fälle" sich offenbaren, daß er Scheu trägt, vor der nüchtern=gläubigen Mutter davon zu erzählen. Wer des alten Karl Philipp Moritz verkappte Selbstbiographie „Anton Reiser" mit Keller's Roman vergleichen wollte, würde mit Erstaunen wahrnehmen, wie dieser pietistische Hauch bei dem Dichter des vorigen Jahrhunderts die gleichen Erscheinungen hervorruft, wie bei dem modernen, dasselbe, mit Heinrich zu reden, „Spielerische, Ziersüchtige," ja dasselbe kindliche Gelüst, Fatum zu spielen hier, eine ausgleichende Gerechtigkeit herzustellen dort. „Ungeachtet meines kirchlichen Rebellenthums," sagt Heinrich, „war ich noch immer ein richtiger Mystosoph, sobald es sich um mein persönliches Wohl und Weh handelte." Diese Mischung von Rationalismus und Pietismus liegt auf derselben Linie, wie die Mischung von Realistik und Phantastik, die wir von Anfang an bei Keller zu finden glaubten.

Kann ein so complicirter Organismus, wie es der grüne Heinrich theils durch Naturanlage, theils durch Bildungsbedingungen geworden ist, sich im Leben behaupten? In der ersten Conception verneinte der Dichter die Frage und hielt den von Anfang an geplanten, tragischen Abschluß fest. In der neuen Ausgabe, die er uns vor Kurzem geschenkt hat, ist an Stelle der Tragik die Resignation getreten: Heinrich findet Bethätigung im Staatsdienst und ein stilles Glück in dem geschwisterlichen Verhältniß zu Judith, der Freundin seiner Jugend. Gewichtige Stimmen, so Friedrich Vischer haben sich gegen den tragischen Schluß erklärt, ihn grillenhaft und unbegreiflich genannt — ohne indeß mit der neuen Fassung ganz einverstanden zu sein. Ich muß dem gegenüber bei der Meinung beharren, daß die Tragik das unbedingt Richtige, das von Anfang an Geforderte und Gebotene war. Können Werther, Tasso zur Resignation vordringen? Tief innerlich begründet im Wesen Heinrich's, wie wir es gefaßt haben, naturnothwendig ist die Tragik. Und —

daß der Dichter selbst nicht etwa den Helden am vierten Bande hat sterben lassen, daß die Einheitlichkeit der Conception eine unbedingte war, lehrt nicht nur sein späteres Zeugniß (in der „Gegenwart"), sondern eindringlicher noch die eine und andere Vorausdeutung auf das Ende im Buche selbst, wie etwa jene im ersten Bande (S. 35): „Wäre er ein König dieser Welt gewesen, so hätte er vermuthlich viele Millionen verschleudert, so aber konnte er nichts vergeuden, als das Wenige, was er besaß: seines und seiner Mutter Leben." Wenn man den Ausgang unbegreiflich gefunden hat, so lag das, wie mir scheint, an dem Ueberwuchern des Beiwerks, dem Zurücktreten des Grundproblems im dritten und vierten Bande und an einer zu starken Retardation gegen den Schluß hin. Es ist gewiß ein berechtigtes Kunstmittel in Drama und Erzählung, durch eine letzte Ausbiegung zum Glücklichen für einen Augenblick das Gemüth des Genießenden zu erleichtern und für die Katastrophe ertragungsfähig zu machen; aber dieses Moment der letzten Spannung, wie Gustav Freytag es nennt, will mit der größten Vorsicht behandelt sein. Wenn Kreon Antigone's Todesurtheil widerruft, oder Edmund den Befehl Lear zu tödten, wagen wir nur noch eine leise Hoffnung zu hegen; wenn der grüne Heinrich in das Grafenschloß und zu Dorothea kommt, und das Leben immer freundlicher und freundlicher ihm lacht, wissen wir in der That nicht mehr, was wir glauben sollen. Hier also, in dieser Wildniß, war in einer neuen Fassung die Axt anzulegen, nicht am Ausgang. Freilich hat auch die Darstellung der allerletzten Zeit Heinrichs etwas Auffallendes: sie wird sprunghaft und abgebrochen, gegenüber der großen Ausführlichkeit der anderen Partien erhält sie etwas Skizzenhaftes. Aber diese ein wenig nachlässige Gestaltung des Schlusses ist ein Zug, der nicht nur hier, sondern oft noch bei Keller begegnet, ein Zug, in dem er besonders mit Shakespeare zusammentrifft und der zuletzt doch der Souveränetät des großen Künstlers entspringt, welche die äußere Katastrophe leicht abthut, nachdem innerlich Alles in Ordnung ist.

Allein ein Anderes ist es, rein kritisch den Werth der beiden Ausgaben gegen einander abzuwägen, ein Anderes, den Beweggründen des Dichters nachzugehen und, nicht beurtheilend, sondern begreifend, in den Werdeproceß der Umschmelzung einzudringen. Nachdem wir jenes reichlich gethan, wollen wir nun auch dieses nicht unterlassen.

Berthold Auerbach war es, der in einem seiner letzten kleinen Aufsätze unter anderen Anregungen auch die Frage nach der Ersprießlichkeit von Bearbeitung und Umgestaltung in der Dichtkunst zur öffentlichen Discussion gestellt hat. Und zwar vorwiegend für solche Fälle, in denen, wie beim „grünen Heinrich," die erste Fassung dem Publikum bereits vorgelegen hatte. Soll es dem Autor, fragt Auerbach, gestattet sein, nach seiner heutigen Stimmung daran zu modeln? Darf er etwas, das nicht mehr sein Eigenthum, nach Belieben berichtigen oder neu formen? Hat er ein Recht oder gar eine Pflicht dazu, und wo ist die Grenze zu finden? Solche Fragen lassen sich leicht aufwerfen, aber sehr schwer nur endgiltig entscheiden. Am besten wäre es, meint

Auerbach), wir hielten uns auch hier an das Beispiel Goethe's: die Aenderungen und Zuthaten, wie sie etwa die zweite Ausgabe des „Werther" aufweist, mögen Maß und Richtung geben, um jene Grenze zu fixiren.

Aber derselbe Goethe, läßt sich einwerfen, der den „Werther" mit so viel maßhaltender Kunst umgestaltete — hat er nicht auch seinen „Göz von Berlichingen," in der Weimarer Theaterbearbeitung, mit der souveränsten Willkür behandelt? Hat er nicht das Werk seiner Jugend in politischer, sittlicher, ästhetischer Beziehung mit den Anschauungen seiner reiferen Mannesjahre in Einklang zu bringen versucht?

Ich glaube, daß man gerade aus diesem Beispiel lernen kann, die Regel ein wenig anders zu formuliren, als Auerbach. Es sind zwei Standpunkte zu unterscheiden, scheint mir, der Standpunkt des Autors und jener des Publikums. Des Autors gutes Recht ist es, sein Werk, der veränderten Auffassung gemäß, umzumodeln; des Lesers Recht aber, sich an diejenige Fassung zu halten, welche ihm als die gelungenste erscheint. Nur wenn wir unter dieser Voraussetzung das bedeutsame Werk Keller's betrachten, werden wir beiden seiner Ausgaben gerecht werden können.

Die ursprüngliche Fassung des Romans, wie sie von dem Dichter in seinem dreiundzwanzigsten Jahre concipirt wurde in ihrem cypressendunkeln Schluß, mit Keller zu reden, wo Alles begraben wurde, entsprang voll der Stimmung des Dichters, der eben damals seine Landschaftsmalerei an den Nagel gehängt hatte: aus dem eigensten Selbst war der Vorsatz geboren, den traurigen Abbruch einer jungen

Künstlerlaufbahn zu schildern, an welcher Mutter und Sohn zu Grunde gingen. Aber nachdem sich Keller einmal, in echter Künstlerart, eben durch seine Dichtung von der trüben Stimmung dieser Zeit befreit hatte, — befreit, wie sich Goethe von der Empfindsamkeit der siebziger Jahre durch den Werther befreite — da war auch jene Stimmung für lange von ihm gewichen. So wenig wie der Dichter des „Werther" dachte der Dichter des „Grünen Heinrich" im Ernst an das Sterben; und als jetzt, nach nahezu dreißig Jahren, er an eine Neubearbeitung des merkwürdigen Buches ging — was war natürlicher, als daß Keller, der in dem Helden des Romans noch immer das Abbild seines Selbst erblickte, die neuen Lebenserfahrungen in das Werk hineintrug? Der Dichter hatte in der Theilnahme an der Verwaltung seines Landes den Ersatz für den verloren gegangenen Künstlerberuf gefunden und sein grüner Heinrich mußte also gleichfalls den Entwickelungsgang vom Maler zum Staatsmann nehmen. Der tragische Ausgang war somit unmöglich geworden und in einen glücklichen zu verwandeln; und wenn das Buch in der alten Fassung sich, im Ganzen und im Einzelnen, etwa dem „Werther" verglich, und das tragische Ende eines Gefühlsmenschen darstellte, der an einer unglücklichen Erziehung, an einem verfehlten Berufe, an widrigen Schicksalen, im letzten Grunde aber doch zufolge der eigenen Natur unterging, eines Menschen, der recht eigentlich am Leben starb — so vergleicht sich die neue Ausgabe etwa den Lehrjahren Wilhelm Meisters, und zeigt vielmehr, wie der in allzu großer Freiheit aufgewachsene Held sein unruhigdilettantisches Streben zur Kunst, in später Erkenntniß seines Irrthums, entschlossen bei Seite wirft und in einer ruhigen bürgerlichen Thätigkeit das entschwundene Lebensglück wiederfindet.

Gleich dem Inhalt hat auch die Form des Romans in der neuen Ausgabe eine durchgreifende Veränderung erfahren müssen. In der früheren Fassung wurde der Held in directer Erzählung eingeführt, in dem Augenblick, wo er um seiner künstlerischen Ausbildung willen von Zürich nach München wandert; darauf folgte als ein Stückchen Autobiographie die „Jugendgeschichte" Heinrich's, wie er sie vor seinem Auszuge von der Vaterstadt geschrieben, um über sein eigenes Fühlen ins Klare zu kommen; und die directe Erzählung, die nun von Neuem einsetzte, begleitete dann Heinrich durch alle seine Münchener Abenteuer hindurch, auf den schicksalsvollen Rückweg zur Heimath, endlich ins Grab. Da aber die Jugendgeschichte, gegen die ursprüngliche Absicht des Dichters, eine immer größere Ausdehnung gewonnen hatte, und schließlich die Hälfte des ganzen Buches einnahm, so hat er in der Umarbeitung mit Recht danach gestrebt, die äußerst dissolute Form der alten Fassung in eine mehr geschlossene umzuwandeln. Allein die Gebrechen der ursprünglichen Anlage gänzlich zu verwischen, war doch eine unlösbare Aufgabe und ich zweifle, ob das Mittel, zu welchem Keller sich, gewiß nach reiflichem Bedenken, entschlossen hat: den ganzen Roman in die Form der Autobigoraphie zu bringen, das Richtige gewesen ist. Denn fast die Hälfte des Buches war nun einmal von vorn herein als Erzählung des Autors, nicht als Selbsterzählung des Helden, concipirt worden; durch die Aenderung in die Ich-Form erhält sie hie und da etwas Schiefes und Unglaubwürdiges und die Spuren der Umschmelzung lassen sich daher, auch ohne den Vergleich mit der alten Fassung, leichtlich erkennen.

So begründet es einen entschiedenen Mangel, daß der Leser nicht von Anbeginn an erfährt, wann, und in welcher Situation, der Urheber dieser Autobiographie sich entschlossen hat, sie niederzuschreiben; es begründet einen Mangel, daß im dritten Bande, da, wo die Jugendgeschichte der früheren Ausgabe zu Ende ist, der Autor plötzlich ausruft: „Wie lang ist es her, seit ich das Vorstehende geschrieben habe," — und daß der Leser nicht im Stande ist, die Frage zu beantworten, sondern vielmehr geneigt ist, gleichfalls auszurufen: Ja, wie lang ist es denn her? Erst im Beginn des vierten Bandes erfahren wir, daß Heinrich diese erste Hälfte seiner Erlebnisse in München niedergeschrieben habe, in der Zeit des größten Elends, da er, von allen Mitteln entblößt, dem Hungertode nahe war. Und daß die zweite Hälfte erst in reiferen Jahren, nach dem Tode seiner Lebensgenossin, ihrem Willen gemäß, hinzugefügt wurde, sagt uns der Erzähler gar erst am Schlusse des vierten Bandes, in den allerletzten Worten des Romans. Diese scheinbar nur äußerlichen und leicht zu behebenden Fehler weisen zugleich einen inneren Schaden der Darstellung auf: wenn das Buch zu so verschiedenen Zeiten, in so durchaus ungleichen Stimmungen abgefaßt ist — muß nicht diese Verschiedenheit sich in der Darstellung spiegeln? Das ganze Werk jedoch, vom Anfang bis zum Ende, ist in einem und demselben Tone gehalten; und so willig immer wir diesem Tone lauschen — denn es ist ja Gottfried Keller, der zu uns redet — so läßt sich doch der künstlerische Mangel, der damit gegeben ist, unschwer erkennen.

Aber dennoch, alle diese Mängel — und wie vieles noch, in Rücksicht auf Technik und Composition, ließe sich dem Buche vorwerfen — halten mich nicht ab, in dem „Grünen Heinrich" ein Werk von erstem Range zu erblicken, einen Bildungsroman im großen Stile, wie sie die deutsche Literatur nur ganz wenige aufzuweisen hat. Es ist nicht zufällig, es ist ein Zeichen wirklicher Verwandtschaft, daß man immer von Neuem bei dem Buche sich versucht fühlt an Goethe's Dichtungen zu erinnern, an den „Werther," an „Wilhelm Meister," an „Dichtung und Wahrheit." Denn auch zu „Dichtung und Wahrheit" lassen sich in dem Roman zahlreiche Analogien innerer und äußerer Art aufweisen. Wie der grüne Heinrich in dem Hause der Mutter und bei den Nachbarn die ersten Entdeckungsreisen unternimmt; wie er in allerlei mystisch-theosophischen Experimenten sich versucht, bis eine winzige Katastrophe den ganzen kindlichen Apparat zerstört; wie er in einem großen Fasse an Komödienvorstellungen theilnimmt und bald zum Dramaturgen der kleinen Gesellschaft sich emporschwingt; wie er, noch immer im kindlichen Alter, mit dem wirklichen Theater in Berührung kommt und hier das erste Morgenroth der Liebe ihm aufsteigt; wie der frühreife Knabe in allerlei

Getriebe der Leidenschaft hineinsieht, sich mit Freunden ein=
läßt, die unter seinem Stande sind, und schlimme Erfah=
rungen an ihnen macht — alles das findet in „Dichtung
und Wahrheit" sein Analogon.

Aber wichtiger als diese Einzelheiten ist uns der Geist
der milden und freien Offenheit, der beide diese Bücher
durchzieht. Goethe wie Keller sind durch Rousseau's „Con=
fessions" angeregt; aber nur an der herben Unbarmherzig=
keit seiner Selbstanklage haben sie Theil, nicht an der eiteln
Lust, nicht an der koketten Selbstbespiegelung, die bei jenem
so oft verletzt. Mit welcher edlen Ruhe, mit welcher im
besten Sinne vornehmen Ehrlichkeit macht der grüne Heinrich
seine Bekenntnisse! Und wie menschlich ergreifend, wie wahr
und wie verzeihlich erscheinen uns alle die kleinen und die
großen Teufeleien seiner Jugendzeit, das Lügen und das
Prahlen, die thörichte Selbstbestehlung, der schnöde Undank
gegen den Lehrer!

Doch da ich einmal die vielfache Uebereinstimmung des
Buches mit den Goethe'schen Dichtungen so bestimmt her=
vorgehoben habe, scheint es nöthig, auch auf einen wesent=
lichen Unterschied aufmerksam zu machen. Die Helden der
Goethe'schen Romane, Werther und Wilhelm Meister, sind
Typen, der grüne Heinrich ist keiner. Oder er ist es doch
nur insofern, als die moderne psychologische Dichtung über=
haupt noch im Stande ist, allgemeingültige Typen aufzu=
stellen. Durch die Fülle von einzelnen charakteristischen
Zügen, die unsere Autoren auf ihre Helden häufen, wird
das Individuelle, das ganz und gar Persönliche so sehr in

den Vordergrund gehoben, daß das allgemein Symbolische darüber leicht verloren geht. Für die Novelle mag das häufig ein Vorzug der modernen Dichtung, gegenüber der classischen sein; für den Roman aber ist es, nicht minder häufig, ein Verhängniß. Mit dem Werther, in allen seinen Lebensäußerungen, konnte jeder rechte deutsche Jüngling seiner Zeit empfinden; mit dem grünen Heinrich theilen wir zwar seine Anschauungen über ästhetische, politische und religiöse Fragen; wir erfreuen uns wohl an seiner schönen und hoch über aller kleinlichen Streitlust erhabenen Formulirung der modernen Weltanschauung, wir fühlen mit ihm in seinen schweren Glaubenskämpfen, in dem Kampf bei der Confirmation, dem Kampf um den freien Willen, um Gott und Unsterblichkeit — aber vor dem Grundwesen dieser von entgegengesetzten Gefühlen hin und her gerissenen Natur, vor diesem ganzen zwiespältigen, fast pathologischen Empfinden, stehen wir dennoch — so wahr es immer sein mag — häufig wie vor etwas Fremdem und Incommensurablem.

Wie oft nicht wird der Held, gerade in wichtigsten Lagen seines Lebens, zu dem Gegentheil von demjenigen geführt, was er eigentlich thun wollte! So empfand er als Knabe für einen Lehrer, der sich durch ungeschicktes Benehmen bei den Schülern in Mißcredit gebracht hatte, für einen jener unglücklichen Ableiter allen Muthwillens der Jugend, wie sie in jeder Schule zu finden sind, heimlich den lebhaftesten Antheil, und er trat eines Tages, da gerade eine Gruppe der wildesten Mitschüler beisammen war, an sie heran, mit dem Vorsatz, für den Gelästerten Partei zu ergreifen; aber kaum hatte er den neuen Spitznamen gehört, den man dem Lehrer angehängt, — so „verdrehten sich ihm die vorbedachten Worte auf der Zunge, und anstatt seine Pflicht zu thun, verrieth er ihn und sein besseres Selbst". Und als die Schüler später dem verabschiedeten Lehrer ins Haus ziehen und ein rechtes Schlußvergnügen veranstalten wollten, lehnte er zwar zuerst die Theilnahme an diesem Unternehmen, „weil ihm der Plan gar nicht einleuchten wollte," kurz und entschlossen ab, allein die Neugier wandte ihn bald, „daß er von ferne nachzog und sehen wollte, wie es abliefe." Und so dauerte es denn nicht lange, bis sich Heinrich plötzlich, ohne selbst zu wissen wie, an der Spitze des Zuges angelangt sah die Folge aber war, daß er als der Rädelsführer der Ausschreitenden schmählich von der Schule verwiesen wurde. Das „Plötzliche" in diesem Vorgange ist für den Charakter des Helden ein Wesentliches, er gebraucht das Wort mehr als einmal, um solche radicale Verwandlungen seiner „unerklärlichen Laune" anzudeuten (z. B. II. 16. III. 99. IV. 74. 329). „Die Uebergänge von einer Stufe zur andern," bekennt Heinrich, „waren mir nie klar und gingen mir immer verloren"; wie wichtig gerade diese Stelle für die Art des Helden ist, geht unter anderem auch daraus hervor, daß Keller in der neuen Ausgabe das „immer verloren" in ein „öfter" verwandelt hat.

Am deutlichsten aber tritt das zwiespältige Wesen Heinrichs's in seinem Schwanken zwischen Poesie und Malerei hervor — auch ein Zug, den die neue Fassung abgeschwächt hat — und in den stets wechselnden Liebesempfindungen des Jünglings, jetzt für die christliche Schönheit der Anna, nun wieder für die weltliche Schönheit Judith's. „Ich hätte mich," schreibt er, „vor Anna bei der Judith und vor Judith bei der Anna verbergen mögen." Ein deutliches Gegenbild zu diesem zwiespältigen Fühlen hat der Dichter in dem Freunde Heinrich's, in Ferdinand Lys, aufgestellt, der ein ähnliches Schwanken zwischen solchen Gegensätzen, zwischen der spiritualistischen Agnes und der aphroditischen Rosalie in rücksichtsloser Leidenschaft zu Gunsten der Zweiten entscheidet.

Mit den vier Frauencharakteren, die ich soeben genannt habe, ist die reiche Gruppe der wunderbar lebensvollen Mädchengestalten, welche uns Keller vorführt, noch keineswegs erschöpft. Da ist weiter jene Darstellerin des Gretchen, welche durch den Nachts im Theater eingeschlossenen Knaben aus dem Schlummer gestört wird und welche dem lebhaft erregten Kinde, obgleich sie fühlt, daß der gute Junge von heute bald „ein Lümmel sein wird, wie Alle," dennoch zu den Füßen ihres Lagers eine vergnügliche Schlafstätte bereitet — in einer Scene erfüllt von märchenhafter Stimmung, die das Staunen des Knaben über die fremde Welt, seine unschuldige Freude an der Schönheit Gretchen's mit einer entzückenden Zartheit und Reinheit der Empfindung wiedergiebt; da ist Dortchen Schönfund, die freigeistige Grafentochter, die nicht an Unsterblichkeit glaubt, aber doch an Gott, denn „bei Gott ist ja alles möglich, sogar daß er existirt"; da ist endlich die arme Hulda, die schönste Figur, die wir der neuen Ausgabe verdanken, die zierliche Münchener Nähterin, deren ganze Existenz in Arbeit und in Liebe aufgeht, und die es wohl einsieht, daß die Lieb' eine ernstliche Sach' ist, eine Erscheinung, „wie aus der alten Fabelwelt, die ihr eigenes Sittengesetz, einer fremden Blume gleich, in der Hand trägt." Die Episode, deren Heldin diese prächtige Gestalt bildet, ist wie eine echt Keller'sche Novelle für sich und sie allein müßte uns schon dem Dichter für die neue Ausgabe danken lassen: wer eine so auf der Grenze des sittlich Darstellbaren stehende Figur mit all der glänzenden Frische, mit all dem reifen Humor und der köstlichen Reinheit zu schildern vermag, der ist gewiß ein Meister ...

Wir hatten gefunden, wie die viel angefochtene Einheitlichkeit der Conception in Keller's Roman sich dennoch in allem Wesentlichen nachweisen ließ, die Discrepanz der Form jedoch in keiner Weise abzuleugnen war, jene Discrepanz, der zufolge der Roman in zwei Theile auseinanderfällt: in die Selbstbiographie des Helden, eben nachdem er eingeführt, und in die Erzählung seiner weiteren Schicksale durch eine dritte Person, den Dichter. Entspringt doch diese Unförmlichkeit einer Abweichung Keller's vom ursprünglichen Plan, einer kühnen Interpolation!

Als der Dichter an die Arbeit ging, hegte er den Vorsatz einen traurigen kleinen Roman zu schreiben; ihm schwebte „das Bild eines elegisch=lyrischen Buches vor mit heiteren Episoden und einem cypressendunkeln Schlusse." Wie er aber in der Ausführung „etwas vorgerückt" (nämlich bis Seite 90), schob sich ein anderer Plan dazwischen: ihm „fiel ein, die Jugendgeschichte des Helden als Autobiographie einzuschalten, mit Anlehnung an Selbsterfahrenes und Empfundenes."

Wie ist Keller auf diesen Einfall gekommen? Lediglich aus inneren Gründen?

Ich verkenne keinen Augenblick, daß sehr gewichtige innere Gründe für diese Autobiographie sprechen, und daß die Erfindung dem Dichter die besten Dienste geleistet hat, aber dennoch: ich glaube zugleich an einen äußeren Einfluß, an ein literarisches Vorbild. Und ich meine mich nicht zu täuschen, wenn ich als dieses Vorbild Jean Paul's großen Roman erkenne: den „Titan."

Daß zwischen Jean Paul und Gottfried Keller eine Verwandtschaft existirt, ist schon von Anderen erkannt und betont worden. Neben der Verwandtschaft springen die gewaltigen Unterschiede in die Augen zwischen dem sentimentalen Humoristen des vorigen Jahrhunderts, dessen Gefühlsamkeit, mit Vischer zu reden, „auf abstractem Idealismus ruht, und dessen Humor daher eine Kur ist, die sich dieser immer aufs Neue zu verordnen hat," und dem naiven Gottfried Keller, dessen Naivität auf der unverwüstlichen Pietät für die Natur ruht und dessen Humor weder eine Kur ist, noch ein Gegengift, sondern seinen Zweck und seine Berechtigung in sich selber trägt.

Aber nicht nur innere Verwandtschaft der Dichter, auch literarischen Einfluß haben wir zu constatiren. Als der grüne Heinrich in einem jugendlichen Briefwechsel zuerst seine schriftstellerischen Fähigkeiten erprobt, da sucht er einen Theil der Episteln „in ein Gewand ausschweifender Phantasie zu hüllen und mit dem seinem Jean Paul nachgemachten Humor zu verbrämen" und er spricht sich über sein Verhältniß zu dem „unsterblichen Propheten" in überströmender Begeisterung aus: „In Jean Paul schien mir plötzlich Alles erfüllend entgegenzutreten, was ich bisher gewollt und gesucht: gefühlerfülltes und scharf beobachtetes Kleinleben; heitere, muthwillige Schrankenlosigkeit und Beweglichkeit des Geistes, die sich jeden Augenblick in tiefes Sinnen und Träumen der Seele verwandelte; lächelndes Vertrautsein mit Noth und Wehmuth, daneben das Ergreifen poetischer Seligkeit, welche mit goldener Fluth alle kleine Qual und Grübelei hinwegspülte; vor Allem aber die Naturschilderung an der Hand der entfesselten Phantasie, welche berauscht über die blühende Erde schweifte, je toller, desto besser!" Ich würde die Auslassung nicht in dieser Ausführlichkeit mitgetheilt haben, wenn sie nicht eben so sehr wie für Jean Paul auch für Keller's Poesie in dieser Periode charakteristisch wäre. Dasselbe gilt von den folgenden Sätzen: „Mag die wandelbare Welt Jean Paul in ihrer Vergänglichkeit zu dem alten Eisen werfen, mag ich selbst dereinst noch meinen und glauben, was immer es sei: ihn werde ich nie verleugnen, so lange mein Herz nicht vertrocknet! Denn dieses ist der Unterschied zwischen ihm und den anderen Helden und Königen des Geistes! Bei diesen ist man vornehm zu Gast, bei ihm aber liegt man an einem Bruderherzen! Er zieht uns ganz an seine Brust, während Jene sich stolz in ihren Purpur hüllen und im innersten Winkel ihres Herzens sprechen: Was willst Du von mir?" Hier empfinden wir deutlich die jugendliche Subjectivität des Dichters, die ihn auch bei Anderen die eminenteste Subjectivität als einen Vortheil erkennen läßt. Aehnlich hat einmal Schiller in einem Jugendbriefe Leisewitz für den Mann seines Herzens erklärt: dieser sei der Freund seiner Personen, während Lessing kalt und stolz über ihnen throne. Es entspricht vollkommen der heutigen Stufe von Keller's Kunst, wenn er in der neuen Ausgabe, dem feierlichen „ihn werde ich nie verleugnen" zum Trotze, diesen Passus hat entfallen lassen.

Daß so begeisterte Verehrung in dem ersten Prosawerke Keller's ihre Früchte tragen mußte, ist leicht begreiflich, hier sind die Spuren Jean Paul's am tiefsten und augenfälligsten und ich möchte, da ich doch die ganze Folge des Verhältnisses hier nicht durchgehen kann, wenigstens ein paar dieser äußereren Einflüsse aufweisen. Wir haben über die Begriffe von Entlehnung und Beeinflussung heute so überstrenge Vorstellungen, wir sind so wenig geneigt, das Unbewußte in diesen Dingen anzuerkennen, daß es auch deshalb ganz ersprießlich sein wird, zu zeigen, wie stark selbst ein Künstler von der Bedeutung Keller's solchen Einflüssen unterliegen, wie schnell aber auch auf der anderen Seite er sich davon emancipiren kann.

Ich ging aus davon, daß die Form des „grünen Heinrich" an die Form des „Titan" erinnert. Dort wie hier wird der Held zunächst als Jüngling eingeführt, an einem wichtigen Wendepunkte seines Lebens, der eine, wie er, am Abschluß seiner Lehrjahre, aus der Fremde in die Heimath zurückkehrt, der andere, wie er als ein Strebender aus der Heimath in die Fremde zieht. Die Erzählung scheint sich nach vorwärts bewegen zu wollen, dort wie hier; aber sogleich tritt, nachdem wir den Helden an seinen Bestimmungsort begleitet haben, mitten im Capitel ein langer, langer Rückblick auf die Kindheit ein, der Dichter findet es nachträglich nöthig, uns das Werden seines Helden vorzuführen, damit wir den Gewordenen besser verstehen. Beides, die wenig künstlerische äußere Form, welche das Begonnene hemmend unterbricht, und die durchaus motivirte, künstlerische Absicht, welche zu jener Form geführt, hat Keller von Jean Paul übernommen, und sich schon dadurch über den bloßen Nachahmer erhoben, für den es ausschlaggebend, daß er zwar die Theile in der Hand hat, aber nicht das geistige Band. Mehr noch, diese tiefere Absicht hat Keller in vielen seinen späteren Werken so gut wie im „grünen Heinrich" gehegt, er hat oft und oft seine Helden in Kinderscenen vorgeführt und jeder Kenner seiner Werke weiß, daß gerade diese Scenen zu dem Entzückendsten gehören, was ihm gelungen. Ebenso aber ist Jean Paul in fast allen seinen Romanen verfahren und ihn wie Keller hat darin neben jener Absicht des psychologischen Motivirens auch die Sehnsucht nach der früheren Jugend geleitet, von welcher der Dichter im Romane spricht, und die Fähigkeit, sich in sie zurückzuversenken: Jean Paul und Keller sind im Stande — im Gegensatz zu Goethe — sich „auf das ABC des kindlichen Gemüthes zu besinnen und sie wissen, wie die verhängnißvollen Worte sich daraus bilden."

Aber indem Keller durch den plötzlichen Einfall, die Jugendgeschichte Heinrich's einzuschalten, in die Bahn des „Titan" und des Jean Paul einlenkte, verfiel er nicht nur in der Form, sondern auch im Inhalt der Jugendgeschichte, in seine Kunstweise, in seine Motive, zum mindesten für jene Partien, welche nicht auf Selbsterlebtem beruhen. Das sind, nach Keller's eigenem Bericht, weniger die Scenen aus der Kindheit, als jene aus der Jugend: „Die reifere Jugend des grünen Heinrich," sagt er, „ist größtentheils ein Spiel der ergänzenden Phantasie und namentlich sind die beiden Frauengestalten, Anna und Judith, gedichtete Bilder der Gegensätze, wie sie im erwachenden Leben des Menschen sich bestreiten." Hier ist der Punkt, wo Jean Paul's Einfluß Platz greift. Zwei Frauengestalten, zwischen denen der jugendliche Held schwankt, hat gleich Keller, auch Jean Paul, und zwar in einer ganzen Reihe seiner Romane: in der „unsichtbaren Loge" stehen sich so die empfindsame Beate und die feurige Ministerin entgegen, im „Hesperus" Klotilde und Joachime, im „Titan" Liane und Linda. Ich übergehe die einzelnen Variationen des Schemas, auf die es nicht ankommt, das Charakteristische ist, daß der Held gleichzeitig für beide Frauen entbrennt, bei Joachime an Klotilde denkt, bei Judith an Anna; dadurch unterscheidet sich diese Art von Doppelverhältnissen von jenen, welche Lessing, Goethe und so viele Andere schilderten. „Thränen hingen in seinen Augen und mischten Klotilden's Bild in

einer sonderbaren Verdunkelung mit Joachimen's ihrem zu=
sammen, er sah und dachte eine Gestalt, die nicht da war,
und drückte die Hand der anderen," heißt es im „Hesperus"
und ganz ähnlich im „Grünen Heinrich": „Indem ich immer
an die junge Anna dachte, hielt ich mich gern bei der schönen
Judith auf, weil ich in jener unbewußten Zeit ein Weib
für das andere nahm und nicht im mindesten eine Untreue
zu begehen glaubte, wenn ich im Anblicke der entfalteten
vollen Frauengestalt behaglicher an die abwesende zarte
Knospe dachte, als anderswo, ja als in Gegenwart dieser
selbst." Auch darin sind Jean Paul's und Keller's Helden
einander gleich, daß das tiefere Verhältniß das zu der „zar=
ten Knospe" ist und daß sie zwar bei der feurigen Schönen
der empfindsamen gedenken, aber niemals umgekehrt.

Nur im „Grünen Heinrich" haben wir dieses eigen=
thümliche Doppelverhältniß des Helden, in keinem der
späteren Werke kehrt es wieder. Auch dies ein Beweis,
daß es dem Dichter von außen zugeflossen ist, denn die=
jenigen Züge, die aus seiner eigenen Natur geschöpft sind,
so gewisse Eigenthümlichkeiten des Heinrich, kehren, wie noch
zu zeigen sein wird, in schönen, künstlerischen Variationen
später wieder. Dabei steckt in der Gestalt der Anna weit
mehr Jean Paulisches, als in der Judith's: diese ist aus
eigener Beobachtung geschöpft, sie ist eine der stolzen schweizer
Frauengestalten, wie die Magd Regine und die Regel Am=
rain. Aber Anna, das zarte, ätherische Wesen, ist direct aus
dem „Titan" herübergekommen: sie ist fromm und hat
„Ahnungen," sie kränkelt und stirbt früh, wie Liane, die

Jugendgeliebte von Jean Paul's Helden. Der Tod und das Grab, Kirchhof und Trauerweiden haben in dieser Zeit für Keller ein besonderes Interesse: Heinrich freut sich beinahe, daß er eine so „poetisch schöne, todte Jugendgeliebte" hat, gleich auf den ersten Seiten der Jugendgeschichte wird der Kirchhof des Dorfes geschildert, auf dem Kirchhof küßt Heinrich die Anna zum ersten Male, den Kirchhof liebt Dorothea, die Grafentochter. Fünfmal im Roman werden wir an ein Grab geführt: die Großmutter stirbt, das Meretlein, Anna, die Mutter, zuletzt Heinrich selbst, und die letzten Worte des Romans lauten: „So ging denn der todte grüne Heinrich auch den Weg hinauf in den alten Kirchhof und es ist auf seinem Grabe ein recht frisches und grünes Gras gewachsen." Daß von den Gedichten das Gleiche gilt, ist schon gesagt worden. Auch dieses Motiv ist später völlig aus Keller's Werken verschwunden und somit gleichfalls von außen ihm angeflogen.

An die äußere Anordnung des Lokals bei Jean Paul ferner erinnert der stete Ortswechsel des jungen Heinrich: er theilt seine Existenz, wie etwa Horion im „Hesperus," zwischen der größeren Stadt, seinem eigentlichen Aufenthaltsort, und dem nahegelegenen Dorfe, wo er im Pfarrhaus einkehrt. Der grüne Heinrich erzählt zwar, daß seine Familie, von mütterlicher Seite, in dem Pfarrhause heimisch war, daß sein Großvater und sein Oheim Pfarrer gewesen seien, aber wir wissen, daß dieser Zug erfunden ist: Keller's Großvater war Arzt. Und darum glauben wir auch hier an Jean Paul's Einfluß, zumal Keller's Pfarrer, gleich dem

Kaplan im „Hesperus", eine halb komische Figur ist. Als komische Figur hat Keller auch den Kaplan im vierten Bande des Romans genommen, und den Pfarrer im „Sinngedicht," rein polemisch geht er vor im „verlorenen Lachen." Den ehrwürdigen Pfarrer dagegen, wie ihn Goethe, Voß, Mörike und so viele Andere geschildert haben, stellte er nicht dar.

Jean Paulisch endlich ist im „grünen Heinrich" jene unrealistische, romantische Art der Naturschilderung, welche Keller an Jean Paul preist, die Naturschilderung an der Hand der entfesselten Phantasie. Dieses Flötenthal, dieser Tartarus und wie die zauberischen, launenhaften Anlagen alle heißen mögen, in denen die hyperidealen Figuren des Jean Paul sich voll Seligkeit ergehen, mögen vorschweben, wenn Heinrich etwa den ersten Gang zum Schulmeister schildert, durch die reizende Wildniß hindurch mit ihren undurchdringlichen Laubwänden, ihren Felsblöcken und Wasserfällen, ihren Seitenwegen voll lieblichster Geheimnisse, in denen allerlei frommes Gethier sich sichtbar macht. Lieblingsthiere dabei sind Taube und Reh; so heißt es im Titan: „ein junges Reh lief ihm nach; freie Turteltauben, eine Bienenflora, sahen den ruhigen Alten an" und im grünen Heinrich: „ein zahmes Reh erschien neugierig," und: „wir sahen die Federn einer wilden Taube." Und doch hatte der Dichter früher selbst ausgesagt, daß das Reh in der Schweiz „ein seltenes Thier" sei. In den Gedichten schildert der Lebendig-Begrabene, wie im Walde eine zutrauliche Eidechse sich näher und näher an ihn ge=

schmiegt hat, bis sie, als ein bunt Geschmeide, ihm um den Hals sich bog:

> Ich hielt mich still und fühlt mit lindem Druck
> Den feinsten Puls auf meinem Halse schlagen;
> Das war der schönste und der reichste Schmuck,
> Den ich in meinem Leben je getragen.

Und im „verlorenen Lachen" weiß Keller mit gereifterer Kunst diese bei Jean Paul erlernten Wirkungen zu verwerthen, als er uns in die friedliche Wohnung des Agathchen hineinblicken läßt: „Die Sonnenlichter, mit dem Schatten der schwankenden Baumzweige vermischt, spielten auf dem Boden; vor den offenen Fenstern summten die Bienen und ein grünes Eidechschen war von der Wiese heraufgeklettert und guckte neugierig in das Gemach; ein zweites gesellte sich dazu und beide schienen der Dinge gewärtig, die da kommen sollten." Hier haben wir das Genrebildliche, das „gefühlerfüllte und scharfbeobachtete Kleinleben," welches Keller bei Jean Paul findet, und wir haben es auch in der Schilderung jener idyllischen Häuschen alle, welche uns bei beiden Dichtern begegnen. Da erzählt Jean Paul etwa von einem roth und weißen kleinen Häuschen, so roth wie ein Eichhornbauer und so fröhlich wie ein Gartenhaus: ein sanfter Greis, der Bienenwärter, wohnt darin, von dessen ruhiger grüner Welt der Held sich angeheimelt fühlt. Oder Keller führt ein reinliches Häuschen vor, in welchem hinter einem Kanarienkäfig, ganz mit Kresse behängt, eine freundliche Frau sitzt mit einer weißen Zipfelhaube und Garn haspelt. Immer neu und immer reizvoll weiß Keller dieses intime Kleinleben auszugestalten, ein jedes Heim erhält sein besonderes, charakteristisches Aussehen: bald haben wir Weinlaub und bald Geisblatt, hier wuchert Epheu, dort wilde Rebe, jetzt sehen wir Hollunder, jetzt wieder Winde und Kürbißstaude. Selbst der Lebendig-Begrabene empfindet noch, daß es ein trauriges Erwachen ist, „wo keine Wolken durch die Fenster lachen, sich keine Reb' um klare Scheiben flicht."...

Sei es gestattet, diese dem Roman Keller's gewidmete Betrachtung mit der Wiedergabe eines Kapitels aus des grünen Heinrich Jugendgeschichte zu beschließen. Sie mag für manche der von uns beobachteten Charakterzüge noch einmal den Beleg geben, den Jean Paul'schen Gegensatz zwischen den beiden Mädchengestalten seiner Jugend in aller Plastik vorführen, und — dies vor Allem – als ein Beispiel der ruhig dahinfließenden, classischen, mit den goldenen Zierrathen natürlicher Bildlichkeit geschmückten Sprache des Buches dienen, welche zu dem sprunghaften und romantischen Wesen des Helden in so ewig reizvollem Gegensatz steht:

Oft, am Morgen oder am Abend, stand ich auf der Höhe über dem tiefen See, wo unten der Schulmeister mit seinem Töchterchen wohnte, oder ich hielt mich auch einen ganzen Tag an einer Stelle des Abhanges auf, unter einer Buche oder Eiche, und sah das Haus abwechselnd im Sonnenschein oder im Schatten liegen; aber je länger ich zauderte, desto weniger konnte ich es über mich gewinnen, hinabzugehen, da mir das Mädchen fortwährend im Sinne lag und ich deshalb glaubte, man würde mir auf der Stelle ansehen, daß ich seinetwegen käme. Meine Gedanken hatten von der feinen Erscheinung Anna's plötzlich so vollständigen Besitz ergriffen, daß ich alle Unbefangenheit ihr gegenüber

im gleichen Augenblicke verloren und in beschränkter Un=
erfahrenheit von ihrer Seite sogleich das Gleiche voraus=
setzte. Indem ich jedoch mich nach dem Wiedersehen sehnte,
war mir die Zwischenzeit und meine Unentschlossenheit gar
nicht peinlich und unerträglich, vielmehr gefiel ich mir in
diesem gedanken= und erwartungsvollen Zustande und sah
einem zweiten Begegnen eher mit Unruhe entgegen. Wenn
meine Basen von ihr sprachen, that ich, als hörte ich es
nicht, indessen ich doch nicht von der Stelle wich, so lange
das Gespräch dauerte, und wenn sie mich fragten, ob es
denn nicht ein allerliebstes Kind sei, erwiderte ich ganz
trocken: „Ja, gewiß!"

Auf meinen Wegen war ich häufig am Hause der
schönen Judith vorübergekommen und da ich eben deswegen,
weil sie ein schönes Weib war, auch einige Befangenheit
fühlte und Anstand nahm einzutreten, von ihr gebieterisch
hereingerufen und festgehalten worden. Durch diesen Ver=
kehr ward ich heimisch und vertraut bei ihr, und, indem ich
immer an die junge Anna dachte, hielt ich mich gern bei
der schönen Judith auf, weil ich in jener unbewußten Zeit
ein Weib für das andere nahm und nicht im mindesten
eine Untreue zu begehen glaubte, wenn ich im Anblicke der
entfalteten vollen Frauengestalt behaglicher an die abwesende
zarte Knospe dachte, als anderswo, ja als in Gegenwart
dieser selbst. Manchmal traf ich sie am Morgen, wie sie
ihr üppiges Haar kämmte, welches geöffnet bis auf ihre
Hüften fiel. Mit dieser wallenden Seidenflut fing ich
neckend an zu spielen und Judith pflegte bald, ihre Hände
in den Schooß legend, den meinigen ihr schönes Haupt zu
überlassen und lächelnd die Liebkosungen zu erdulden, in
welche das Spiel allmälig überging. Das stille Glück,
welches ich dabei empfand, nicht fragend, wie es entstanden
und wohin es führen könne, wurde mir Gewohnheit und

Bedürfniß, daß ich bald täglich in das Haus huschte, um eine halbe Stunde dort zuzubringen, eine Schale Milch zu trinken und der lachenden Frau die Haare aufzulösen, selbst wenn sie schon geflochten waren. Dies that ich aber nur, wenn sie ganz allein und keine Störung zu befürchten war, sowie sie auch nur dann es sich gefallen ließ, und diese stillschweigende Uebereinkunft der Heimlichkeit lieh dem ganzen Verkehre einen süßen Reiz.

So war ich eines Abends, vom Berge kommend, bei ihr eingekehrt; sie saß hinter dem Hause am Brunnen und hatte soeben einen Korb grünen Salat gereinigt; ich hielt ihre Hände unter dem klaren Wasserstrahl, wusch und rieb dieselben, wie einem Kinde, ließ ihr kalte Wassertropfen in den Nacken träufeln und spritzte ihr solche endlich mit unbeholfenem Scherze ins Gesicht, bis sie mich beim Kopfe nahm und ihn auf ihren Schooß preßte, wo sie ihn ziemlich derb zerarbeitete und walkte, daß mir die Ohren sausten. Obgleich ich diese Strafe halb und halb bezweckt hatte, wurde sie mir doch zu arg; ich riß mich los und faßte meine Feindin, nach Rache dürstend, nun meinerseits beim Kopfe. Doch leistete sie, indem sie immer sitzen blieb, so kräftigen Widerstand, daß wir Beide zuletzt heftig athmend und erhitzt den Kampf aufgaben und ich, beide Arme um ihren weißen Hals geschlungen, ausruhend an ihr hangen blieb; ihre Brust wogte auf und nieder, indessen sie, die Hände erschöpft auf ihre Knien gelegt, vor sich hin sah. Meine Augen gingen den ihrigen nach in den rothen Abend hinaus, dessen Stille uns umfächelte; Judith saß in tiefen Gedanken versunken und verschloß, die Wallung ihres aufgejagten Blutes bändigend, in ihrer Brust innere Wünsche und Regungen fest vor meiner Jugend, während ich, unbewußt des brennenden Abgrundes, an dem ich ruhte, mich arglos der stillen Seligkeit hingab und in der durchsichtigen

Rosenglut des Himmels das feine, schlanke Bild Anna's auftauchen sah. Denn nur an sie dachte ich in diesem Augenblicke; ich ahnte das Leben und Weben der Liebe und es war mir, als müßte ich nun das gute Mädchen allsogleich sehen. Plötzlich riß ich mich los und eilte nach Hause, von wo mir der schrille Ton einer Dorfgeige entgegenklang. Sämmtliche Jugend war in dem geräumigen Saale versammelt und benutzte den kühlen, müßigen Abend, nach den Klängen des herbeigerufenen Geigers sich gegenseitig im Tanze zu unterrichten und zu üben; denn die älteren Glieder der Sippschaft befanden für gut, auf die Feste des nahenden Herbstes den jüngeren Nachwuchs vorzubereiten und dadurch sich selbst ein vorläufiges Tanzvergnügen zu verschaffen. Als ich in den Saal trat, wurde ich aufgefordert, sogleich Theil zu nehmen, und indem ich mich fügte und unter die lachenden Reihen mischte, ersah ich plötzlich die erröthende Anna, welche sich hinter dieselben versteckt hatte. Da war ich sehr zufrieden und innerlich hoch vergnügt; aber obgleich schon Wochen vergangen, seit ich sie zum ersten Male gesehen, ließ ich meine Zufriedenheit nicht merken und entfernte mich, nachdem ich sie kurz begrüßt, wieder von ihr, und als meine Basen mich aufforderten, mit ihr, die gleichfalls anfing, einen Tanz zu thun, suchte ich ungehobelt und unter tausend Ausflüchten auszuweichen. Dieses half nichts; widerstrebend fügten wir uns endlich und tanzten, einander nicht ansehend und uns kaum berührend, etwas ungeschickt und beschämt einmal durch den Saal. Ungeachtet es mir schien, als ob ich einen jungen Engel an der Hand führte und im Paradiese herumwalzte, trennten wir uns doch nach der Tour so schleunig wie Feuer und Wasser und waren in demselben Augenblicke an den entgegengesetzten Enden des Saales zu sehen. Ich, der ich kurz vorher unbefangen und muthwillig die Wangen der großen und schönen Judith zwischen meine Hände gepreßt, hatte jetzt gezittert, die schmale, fast wesenlose Gestalt des Kindes zu umfangen und dieselbe fahren lassen, wie ein glühendes Eisen.

Sie war, da sie mit den Töchtern meines Oheims einen lebhaften Taubenverkehr führte, mit einem Körbchen voll junger Täubchen angekommen, was hauptsächlich das Herausrufen des vorbeiziehenden Geigers veranlaßt hatte. Nun wurde verabredet, daß die Tanzübungen mehrere Male wiederholt werden sollten. Für jetzt aber war es nothwendig, da es dunkel geworden, daß Jemand die Anna nach Hause begleite, und dazu wurde ich ausersehen. Diese Kunde klang mir zwar wie Musik; doch drängte ich mich nicht sonderlich vor; denn es erwachte ein Stolz in mir, der es mir fast unmöglich machte, gegen das junge Ding freundlich zu thun, und je lieber ich es in meinem Herzen gewann, desto mürrischer und unbeholfener wurde mein Aeußeres. Das Mädchen aber blieb immer gleich, ruhig, bescheiden und fein, und band gelassen seinen breiten Strohhut um, auf welchem eine Rose lag; der Nachtkühle wegen brachte die Muhme einen prachtvollen weißen Staatsshawl aus alter Zeit mit Astern und Rosen besäet, den man um ihr blaues, halb ländliches Kleid schlug, daß sie mit ihren Goldhaaren und dem feinen Gesichtchen aussah, wie eine junge Engländerin aus den neunziger Jahren. So wandte sie sich nun anscheinend ganz ruhig zum Gehen, gewärtig, wer sie begleiten würde, aber sich deswegen nicht unentschlossen aufhaltend. Sie lächelte, durch den Muthwillen der Basen belebt und gedeckt, über meine Ungeschicklichkeit, ohne sich nach mir umzublicken, und vermehrte so meine Verlegenheit, da ich gegenüber den zusammenhaltenden und verschworenen Mädchen allein dastand und fast Willens war, im Saale zurückzubleiben. Wir gingen gemeinschaftlich bis an das Ende des Dorfes, wo der

Berg anhub, über welchen Anna zu gehen hatte. Dort wurde Abschied genommen: ich stand im Hintergrunde und sah, wie sie ihr Tuch zusammenfaßte und sagte: „Ach, wer will nun eigentlich mit mir kommen!" Indessen die Mädchen schalten und sagten: „Nun, wenn der Herr Maler so unartig ist, so muß eben jemand Anders dich begleiten!" und ein Bruder rief: „Ei, wenn es sein muß, so gehe ich schon mit, obgleich der Maler ganz Recht hat, daß er nicht den Jungfernknecht spielt, wie Ihr es immer gern einführen möchtet!" Ich trat aber hervor und sagte barsch: „Ich habe gar nicht behauptet, daß ich es nicht thun wollte, und wenn es der Anna recht ist, so begleite ich sie schon." „Warum sollte es mir nicht recht sein?" erwiderte sie und ich schickte mich an, neben ihr herzugehen. Allein die Uebrigen riefen, ich müßte sie durchaus am Arme führen, da wir so feine Stadtleutchen seien; ich glaubte dies und schob meinen Arm in den ihrigen, sie zog ihn rasch zurück und faßte mich unter den Arm, sanft, aber enschieden, indem sie lächelnd nach dem spottenden Volk zurücksah; ich merkte meinen Fehler und schämte mich dergestalt, daß ich ohne zu sprechen den Berg hinanstürmte und das arme Kind mir beinahe nicht folgen konnte. Sie ließ sich dies nicht ansehen, sondern schritt tapfer aus, und sobald wir allein waren, fing sie ganz geläufig und sicher an zu plaudern über die Wege, welche sie mir zeigen mußte, über das Feld, über den Wald, wem diese und jene Parzelle gehöre und wie es hier und dort vor wenigen Jahren noch gewesen sei. Ich mußte wenig zu erwidern, während ich aufmerksam zuhörte und jedes Wort wie einen Tropfen Muskatwein verschlang; meine Eile hatte schon nachgelassen, als wir die Höhe des Berges erreichten und auf seiner Ebene gemächlich dahingingen. Der funkelnde Sternhimmel hing weit gebreitet über dem Lande, und doch war es dunkel auf dem Berge, und die Dunkelheit

band uns näher zusammen, da wir, unsere Gesichter kaum
sehend, einander auch besser zu hören glaubten, wenn wir
uns fest zusammenhielten. Das Wasser rauschte vertraulich
im fernen Thale, hie und da sahen wir ein mattes Licht
auf der dunkeln Erde glimmen, welche sich massenhaft mit
ihrem schwarzen Schatten vom Himmel sonderte, der sich
am Rande mit einem blassen Dämmergürtel umgab. Ich
beachtete dieses Alles, lauschte den Worten meiner Beglei=
terin und bedachte zugleich für mich meine Freude und meinen
Stolz, eine Geliebte am Arme zu führen, als welche ich sie
ein für allemal betrachtete. Wir sprachen nun ganz munter
und aufgeräumt von tausend Dingen, von gar Nichts, dann
wieder mit wichtigeren Worten von unseren gemeinsamen
Verwandten und ihren Verhältnissen, wie alte kluge Leute.
Je näher wir ihrer Wohnung kamen, dessen Licht bereits in
der Tiefe glühte wie ein Leuchtwurm, desto sicherer und
lauter wurde Anna; ihre Stimme klingelte unaufhörlich und
fein, gleich einem fernen Vesperglöckchen; ich setzte ihren
artigen Einfällen die besten meiner eigenen Erfindung ent=
gegen, und doch hatten wir uns den ganzen Abend noch nie
unmittelbar angeredet und das Du war seit jenem einem
Male nie mehr zwischen uns gefallen. Wir hüteten es,
wenigstens ich, im Herzen gleich einem goldenen Spar=
pfennige, den man auszugeben gar nicht nöthig hat; oder
es schwebte wie ein Stern weit vor uns in neutraler Mitte,
nach welchem sich unsere Reden und Beziehungen richteten
und sich dort vereinigten, wie zwei Linien in einem Punkte,
ohne sich vorher unzart zu berühren Erst als wir in der
Stube waren und ihren sie erwartenden Vater begrüßt
hatten, nannte sie, die Ereignisse des Abends froh erzählend,
beiläufig ganz unbefangen meinen Namen, so oft es erforder=
lich war, und nahm, unter dem Schutze ihres Vaterhauses,
wo sie sich geborgen fühlte, wie eine Taube im Neste, un=

behend das Wörtchen Du hervor und warf es unbekümmert hin, daß ich es nur aufzunehmen und ebenso arglos zurückzugeben brauchte. Der Schulmeister machte mir Vorwürfe über mein langes Ausbleiben, und um sicher zu gehen, forderte er mich zu dem Versprechen auf, gleich am nächsten Morgen früh zu kommen und den ganzen Tag an seinem See zuzubringen. Anna übergab mir den Shawl, den ich wieder zurücktragen sollte; dann leuchtete sie mir vor das Haus und sagte Adieu mit jenem angenehmen Tone, der ein anderer ist nach einer stillschweigend geschlossenen Freundschaft, als vorher. Kaum war ich aus dem Bereiche des Hauses, so schlug ich das blumige weiche Tuch, das mir eine Wolke des Himmels zu sein dünkte, um Kopf und Schultern, und tanzte darin wie ein Besessener über den nächtlichen Berg. Als ich auf seiner Höhe war unter den Sternen, schlug es unten im Dorfe Mitternacht, die Stille war nun nah und fern so tief geworden, daß sie in ein geisterhaftes Getöse überzugehen schien, und nur, wenn sich diese Täuschung zerstreute und man gesammelt horchte, rauschte und zog unten der Fluß Ein seliger Schauer schien, als ich einen Augenblick stand wie festgebannt, rings vom Gesichtskreise heranzuzittern an den Berg, in immer engeren Zirkeln bis dicht an mein Herz. Ich entledigte mich andächtig meiner närrischen Umhüllung, legte sie zusammen, stieg träumend den Abhang hinunter und fand den Weg nach Hause, ohne auf ihn Acht zu geben. . . .

Als die Zeit des Subjectivismus haben wir Keller's erste Periode bezeichnet. Subjectiv sind die Gedichte, in denen der Poet mit seiner eigenen Person mehr als billig hervortritt. Subjectiv ist der Roman, dessen Held des Autors Abbild. Und subjectiv sind die Novellen „Pankraz der Schmoller" und „Regel Amrain," welche das Thema des Romans variiren.

Beide Erzählungen nehmen das Problem der Erziehung wieder auf; beide stellen eine Wittwe und ihren Sohn in den Mittelpunkt. In „Regel Amrain" ist die Wittwe (oder genauer die von ihrem Mann in Seldwyla zurückgelassene) Regel die Heldin, das complette Gegenbild zu Frau Lee, Heinrichs Mutter: ließ diese ihren Sohn in schrankenloser Freiheit aufwachsen, und trug sie dadurch an seinem Untergang die Mitschuld, so nimmt jene ihren Fritz in so gesunde und durchgreifende Zucht, daß ihre Pädagogik über die Seldwyler Natur des Sohnes einen glänzenden Sieg erringt. Zu der schüchternen und nüchternen Frau Lee bildet die stolze Würde der zielbewußten, energischen Frau Regel einen prächtigen Contrast. Es lag nahe, in dieser Mustergestalt die concreten Züge zu verwischen, so daß ein vages und unglaubwürdiges Idealbild herauskam; aber wie glücklich weiß das gesunde Empfinden des Dichters dieser Gefahr zu entgehen! Wie weit entfernt von blasser Allgemeingiltigkeit ist diese frische und feste Frau, deren „Erzieherei mehr in ihrem Charakter beruht, als in einem vorbedachten oder gar angelesenen System," und die keineswegs ohne Schwanken die Anfechtungen des Lebens besiegt, sondern rasches, warmes Blut hat, und nur mit knapper Noth das stürmische Werben ihres jungen Werkführers besiegt. Aehnlich weiß der Dichter auch sonst die vagen Ideale zu umgehen: Judith, die gereift aus Amerika zurückkehrt, ist weder eine gewohnheitsmäßige Pädagogin, noch eine vorsätzliche Thathandlerin; Dietegen, der Landsknecht, ist als Krieger kein Besserer als Andere seiner Zeit; Wilhelm, in den „Mißbrauchten Liebesbriefen," entgeht, obgleich geheilt, nur schwer der Versuchung durch das unternehmungslustige Aennchen.

In „Pankraz der Schmoller" ist eine einzige Eigenschaft des grünen Heinrich, das Schmollen, zum Grundmotiv gemacht, Pankraz ist ein außerordentlich simplificirter Heinrich. Die Novelle ist die erste, die Keller nach dem Roman geschrieben, und sie bietet im Ganzen und im Einzelnen Analogien zu ihm. Im Ganzen, denn sie zerfällt, wie jener, in zwei Hälften, die Erzählung des Autors und die Erzählung des Pankraz und zeigt uns, wie jener, den Auszug und die Heimkehr des Sohnes, der das einzige Glück der Mutter ist, und in dessen Abwesenheit sie nur ein Schattendasein führt. Im Einzelnen, denn es gleicht sich etwa die Sprödigkeit beider Helden, ihre scheue Zurückhaltung selbst der geliebten Mutter gegenüber, und die leidenschaftliche Abneigung, in der Fremde eines Menschen Hilfe anzunehmen, welche aus dem starken Freiheitsgefühl des Schweizers entspringt; es vergleichen sich die Bekenntnisse über die Wirkung Jean Paul's und Goethe's auf Heinrich, Shakespeare's auf Pankraz. Auch diese Novelle also bietet keine Figuren, bei denen nicht der Dichter an sich selbst und seine Umgebung gedacht hätte. Die erste objective Dichtung, in der er Helden gewählt hat, denen er nicht das eigene Empfinden unterlegen durfte, ist die zweite Geschichte aus den „Leuten von Seldwyla" gewesen: „Romeo und Julia auf dem Dorfe."

III.

Als „Romeo und Julia auf dem Dorfe" erschien, war Keller siebenunddreißig Jahre alt. So schwer und mühsam seine Entwickelung gewesen war, so köstlich nun die erste reife Frucht. Das Shakespeare-Studium Pankraz' des Schmollers war praktisch geworden in dieser einzigen Dichtung. Wenn Jemand das thörichte Gerede von dem Epigonenthum der gegenwärtigen Poesie anstimmen wollte — auf dieses Werk würde man ihn weisen, um ihn verstummen zu machen. Keinen Vergleich braucht diese Novelle zu scheuen, kein Schatten der Vergangenheit kann ihren Glanz trüben. Einzig die prüdeste Engherzigkeit mag gegenüber solchem Vollgehalt der Poesie, gegenüber solchem in die Tiefe der Dinge bringenden künstlerischen Ernste, gegenüber den naturnothwendigen Vorgängen der Dichtung und dem alles sühnenden Schlusse mit „moralischen" Bedenken angezogen kommen.

Wenn ein Werk von so eminenter Bedeutung neu auftaucht, wie dieses „Romeo und Julia auf dem Dorfe," so scheint es denjenigen, welchen sein Zauber überall aufgegangen ist, ohne Gleichen dazustehen unter den anderen Producten seines Autors. Man glaubt etwas ganz Neues zu besitzen, ein Meteor, ein Unicum, das ohne Vorgang ist. Wir heute, wenn wir Keller's Dichten im Ganzen betrachten, dürfen dabei keineswegs stehen bleiben, wir müssen dem neuen glänzenden Stern seine Stellung am Firmament anzuweisen trachten. Auch wir erkennen den eminenten Fortschritt, wir datiren eine neue Periode von dem Werke; aber wir constatiren dennoch den Zusammenhang mit dem, was vorherging und dem, was folgt.

Es ist wahr, die Subjectivität des Dichters erscheint hier zum ersten Male überwunden, er tritt mit seinen eigenen Angelegenheiten zurück und stellt aufs Schönste und Reinste objectiv dar. Aber doch erfolgt am Schluß ein Rückfall in die stärkste Subjectivität: der Autor erscheint in einer (später zum Glück getilgten) Auslassung plötzlich in eigener Person, gibt sein Urtheil über die ganze Erzählung ab und wendet sich polemisch gegen das gleichgiltige Eingehen von „Verhältnissen" unter den Stadtleuten. Es ist wahr, der Dichter stellt mit äußerster Lebenswahrheit dar; er ist so sehr Realist, daß er ausdrücklich betont, wie seine Geschichte „eine müßige Erfindung wäre, wenn sie nicht auf einem wahren Vorfall beruhte." Aber doch ist er der alte Romantiker geblieben, er schildert mit sichtlicher Lust den vagirenden Geiger, wie ihn etwa Tieck oder Eichendorff hätten schildern können, und wie er selbst früher in den „Gedichten" den Bettelfungen, den Heimathlosen und den Taugenichts, wie er später in den Züricher Novellen den von Fischottern sich nährenden Buz Falätscher und in der neuen Ausgabe des Romans den verkommenen Maler und Schlangenfresser geschildert hat. Und er erkennt, mit aus der Romantik stammender Ueberschätzung des Volksthümlichen, allein dem niederen Volke, nicht den Gebildeten, die „Fähigkeit des Sterbens für eine Herzenssache" zu, die Fähigkeit, „die Flamme der kräftigen Empfindung und Leidenschaft zu nähren."

Wenn der Dichter am Schluß in eigener Person auftritt, um seine Meinung zu sagen, so ist das nicht nur ein Hervorbrechen der Subjectivität, sondern auch ein Hervorbrechen des Didaktischen. Es erinnert an seinen Landsmann Gotthelf, es ist ein schweizerischer Zug, daß ihm das reine Schöne in jener Zeit nicht genügt, daß er auch lehren und bekehren will. Und es ist gleichfalls schweizerisch, daß er erklärt, die That der Liebenden nicht verherrlichen zu wollen: „höher als diese verzweifelte Hingebung wäre jedenfalls ein entsagendes Zusammenraffen und ein stilles Leben voll treuer Mühe und Arbeit gewesen." Hier haben wir den Standpunkt der schweizerischen, besonnenen Mäßigung, das Praktische, das gut Bürgerliche; und wir haben denselben Standpunkt, wenn wir etwas näher zusehen wollen, auch in den anderen Geschichten aus Seldwyla in höchst charakteristischer Weise.

Unter den zehn Seldwyler Novellen endet tragisch nur „Romeo und Julia auf dem Dorfe"; grausig gehen die „drei gerechten Kammmacher" aus, „Spiegel das Kätzchen," als ein Märchen, steht ganz für sich. Bleiben sieben Geschichten, welche sich unter einen Gesichtspunkt subsummiren: sie stellen alle eine Läuterung dar. Pankraz der Schmoller wird vom Schmollen geheilt, der Schneider Wenzel in „Kleider machen Leute" von seinem Hang zum Ziersamen, John Kabys, der „Schmied seines Glückes" von hochfliegenden Glücksplänen, Wilhelm in den „Mißbrauchten Liebesbriefen" von seinen platonischen Liebesgelüsten, Frau Regel Amrain's Jüngster vom Kannegießern und anderen Seldwyler Fehlern, Küngolt in „Dietegen" von der Gefallsucht, Jucundus und Justine im „Verlorenen Lachen," der eine von der Leichtgläubigkeit in Handel und Politik, die andere von dem Geldstolz und der leeren Religiosität. Wenn die Heilung vollbracht, stehen die Patienten als ehrsame Bürger da, als Gewerbtreibende oder Handwerker oder Beamte: Wenzel wird ein tüchtiger Schneidermeister, rund und stattlich und beinahe gar nicht mehr träumerisch, John Kabys wird Nagelschmied und lernt das Glück einfacher und unverdrossener Arbeit kennen, Wilhelm erwirbt mit dem Gelde seiner Gritli ein Landgut und bebaut und mehrt den Besitz mit Umsicht und Fleiß, Pankraz findet im Hauptort seines Kantons Gelegenheit, ähnlich wie der Landvogt von Greifensee und der grüne Heinrich der neuen Ausgabe, ein dem Lande nützlicher Mann zu sein. Ein rein beschauliches Dasein, oder ein rein künstlerisches scheint der Dichter nicht zu kennen, hier wie sonst: der einzige Poet, den er vorführt, Viggi Störteler, ist eine Karrikatur und geht elendiglich zu Grunde.

Das wäre die eine Seite der Sache, das Schweizerische, Realistische. Nun aber die andere Seite, die Phantastik.

Seldwyla, irgendwo in der Schweiz gelegen, ist eine

lustige und „seltsame" Stadt. Ein idealer Ort, ein neues Schilda, auf das alle Thorheiten und Narrheiten gehäuft werden. In jeder Stadt und in jedem Thale der Schweiz ragt ein Thürmchen von Seldwyla und die Ortschaft ist mithin als eine Zusammenstellung solcher Thürmchen zu betrachten. In einer so seltsamen Stadt kann es aber natürlich an seltsamen Geschichten und Lebensläufen nicht fehlen; die Thaten der Seldwyler müssen der originellen Phantasie des Dichters eben so werthvollen Stoff liefern, wie einst die Thaten der Schildbürger ihrem Historiker. Wie vieles an diesen Menschen ist „seltsam" und „wunderlich," in den „Leuten von Seldwyla" und sonst bei Keller. Um nur von einigen Fällen und in des Dichters eigenen Worten zu sprechen: „Romeo und Julia auf dem Dorfe" ist die „wunderlichste Verkleidung" der alten schönen Fabel, Frau Marianne, im „Landvogt von Greifensee" ist „die seltsamste Käuzin von der Welt, wie man um ein Königreich keine zweite aufgetrieben hätte," der schlimmheilige Vitalis, ebenfalls ein Unicum, besitzt „eine Liebhaberei, die mit so seltsamer Selbstentäußerung vermischt ist, wie in der Welt kaum wieder vorkam." Wendelgard, im „Landvogt," ist eine „Ausnahmegestalt," Agnes im „Grünen Heinrich" ein „Naturspiel." Immer neue und immer drolligere Dinge weiß der unerschöpfliche humoristische Sinn des Dichters zu erfinden. Die Geschichte des Zwiehan ist „die wunderlichste kleine Geschichte," Reinhart's Erscheinen, im „Sinngedicht," ist das „seltsamste Ereigniß"; Tante Angelika, in den „Verlocken," hat ein „höchst seltsames Erlebniß," der Schuster im „Sinngedicht" singt sein Lied im „allerseltsamsten Rhythmus." Seltsam ist selbst die Waffe, mit welcher die Seldwyler ihre finstern Nachbarn, die Ruechensteiner, befehden, jener ungeheure Pinsel, der die gelben Nasen schwarz anstreicht; und selbst die Verbrechen in Ruechenstein sind „so originell und seltsam, wie nirgends."

Solche phantastischen Gestaltungen noch wirksamer zu machen, arbeitet Keller mit merkwürdigen Contrasten und haarscharf zugespitzten Gegensätzen: des sonnigen und wonnigen Seldwyla Nachbarstadt ist das graue und finstere Ruechenstein, oder die Nachbarin der frommen und milden Frauen im „Verlorenen Lachen" das häßliche, böse Oelweib; der passive, langsame, unselbstständige Ritter Zendelwald, in der „Jungfrau und dem Ritter," hat eine höchst energische, übereifrige Mutter, das düstere Schloß Schwarz-Wasserstelz, im „Hadlaub," beherbergt die lichte Fides, während auf dem heiteren Weiß-Wasserstelz die finstere Hexe, ihre Tante, haust. Der Müller natürlich wohnt nicht auf Weiß-, sondern auf Schwarz-Wasserstelz und man merkt das Behagen des Dichters, mit dem er von dem weißen Müller auf Schwarz-Wasserstelz spricht.

Alle diese Erfindungen, in denen die reiche Phantasie des Dichters sich voll Kraft und Farbe und Leben offenbart, erzwingen trotz ihrer Seltsamkeit zuletzt immer unsern Glauben, weil sie auf dem Boden der gesundesten Mäßigung ruhen, weil ein tief ethischer Zug durch alle Gestaltungen geht und wohl in der äußeren Form, aber nie im Wesen der Dinge Willkür und Laune uns entgegentritt. Jede

Kunst hat ihren besonderen Stil und wer über das "Unwahrscheinliche" gewisser Keller'scher Dichtungen nicht hinweg kann, ist in die Art seiner Kunst nur wenig eingedrungen. Alle großen Humoristen, Cervantes, Sterne, Jean Paul, haben in diesem Sinne "unwahrscheinliche" Erfindungen uns zugemuthet. Ob Keller die hinreißend komische Nemesis in der Krone seiner humoristischen Erzählungen, im "Schmied seines Glückes" schildert, ob er die tiefe Gerechtigkeit an dem öden Sinn der drei "gerechten Kammmacher" übt und das drollig Begonnene wie ein grausiges Nachtstück in Callot's Manier beschließt, ob er das blos heitere Spiel in dem sauberen und anmuthigen Märchen "Spiegel das Kätzchen" uns vorführt — immer stehen wir erstaunt vor dem Reichthum und der Macht und der aus dem Vollen schöpfenden, echten Originalität des Dichters, der als eine einzige und in sich vollendete Erscheinung unter seinen Zeitgenossen dasteht.

Eine starke Phantasie, wie sie Keller besitzt, erzeugt leicht das Verlangen, einmal ungehindert von den Gesetzen der Causalität, in freiem Fabuliren sich ergehen zu können. Das hat Keller zu dem Märchen "Spiegel das Kätzchen" geführt, dessen Held, der beschauliche philosophische Kater, der bekannten romantischen Kater-Generation angehört. Es ist allmälig eine ganze Reihe geworden von weisen Katern: Tieck's gestiefelter Kater, Hoffmann's Kater Murr, Heine's und Immermann's Kater in "Atta Troll" und "Tulifäntchen," Spiegel das Kätzchen, Scheffel's Kater Hiddigeigei. Den Ton des Märchens hat Keller ausgezeichnet getroffen, er hält ihn von Anfang bis zu Ende fest und in keiner Weise blickt mit dem Dichter die moderne Welt in die Erzählung hinein. Anders in den historischen Novellen und in den Legenden, wo er mehr als ein Mal aus dem Tone herausfällt, wenn er etwa berichtet, daß der Graf, in „Hadlaub," gar keine „ernsten Absichten, wie man heute sagen würde," hegte oder daß der Eugenia zu Muthe war, „wie wenn sie die unrechte Karte ausgespielt hätte, um modern zu reden, da es damals freilich keine Karten gab." Das hört sich an wie ein Ausklang der romantischen Ironie; der Dichter stellt sich über die Dinge und macht sich über sie lustig, er trägt mit Bewußtsein seine Welt in die dargestellte fremde hinein. Nähme sich Keller nur in den humoristischen Erzählungen und besonders in den „Legenden" solche Freiheiten, so wäre weniger dagegen einzuwenden; aber in der ernsten, objektiven historischen Novelle, in „Dietegen" oder „Ursula," erscheint es um so mehr als eine Laune, als sonst diese Erzählungen Muster historischer Dichtungen sind, fest auf dem Boden ihrer Zeit wurzelnd und doch in den großen Motiven unserm Empfinden verständlich, ausgezeichnet im Colorit, echt und ungekünstelt in der Sprache.

Wenn es gilt, jetzt auch aus den „Leuten von Seldwyla" dem Leser einen Abschnitt vorzuführen, zur Bekräftigung des eben Gesagten und als eine Probe auf unser Exempel, so richtet sich der Blick ohne Schwanken auf „Romeo und Julia auf dem Dorfe," diejenige Erzählung des Dichters, welche am wenigsten an eine bestimmte In=

dividualität des Genießenden sich wendet und das Herz jedes für Poesie Empfänglichen mächtig trifft. Schwieriger schon will die Auswahl einer einzelnen Partie gelingen, denn indem ich jetzt von Neuem die Novelle durchblättere, erscheint mir nicht ein Einzelnes, sondern gleich das Ganze als mittheilenswerth. Da aber doch eine Entscheidung getroffen sein muß, so sei der Anfang jener Schilderung mitgetheilt, welche den ersten und letzten Liebestag der jungen Schweizer Montecchi und Capuletti uns vorführt. Sali und Vrenchen wollen noch einmal ihr Dasein voll genießen, ehe sie der dunkeln Zukunft verfallen — in einer Stimmung, wie sie Heyse oft ähnlich geschildert hat — und sie machen sich auf, den Sonntag zu feiern:

„Bald waren sie auch im freien Felde und gingen still neben einander durch die Fluren; es war ein schöner Sonntagmorgen im September, keine Wolke stand am Himmel, die Höhen und die Wälder waren mit einem zarten Duftgewebe bekleidet, welches die Gegend geheimnißvoller und feierlicher machte, und von allen Seiten tönten die Kirchenglocken herüber, hier das harmonische tiefe Geläute einer reichen Ortschaft, dort die geschwätzigen zwei Bimmelglöcklein eines kleinen armen Dörfchens. Das liebende Paar vergaß, was am Ende dieses Tages werden sollte, und gab sich einzig der hoch aufathmenden wortlosen Freude hin, sauber gekleidet und frei, wie zwei Glückliche, die sich von Rechtswegen angehören, in den Sonntag hineinzuwandeln. Jeder in der Sonntagsstille verhallende Ton oder ferne Ruf klang ihnen erschütternd durch die Seele; denn die Liebe ist eine Glocke, welche das Entlegenste und Gleichgültigste wiedertönen läßt und in eine besondere Musik verwandelt. Obgleich sie hungrig waren, dünkte sie die halbe Stunde Weges bis zum nächsten Dorfe nur ein Katzensprung lang zu sein und sie betraten zögernd das Wirthshaus am Eingang des Ortes. Sali bestellte ein gutes Frühstück und während es bereitet wurde, sahen sie mäuschenstill der sichern und freundlichen Wirthschaft in der großen reinlichen Gaststube zu. Der Wirth war zugleich ein Bäcker, das eben Gebackene durchduftete angenehm das ganze Haus und Brod aller Art wurde in gehäuften Körben herbeigetragen, da nach der Kirche die Leute hier ihr Weißbrod holten oder ihren Frühschoppen tranken. Die Wirthin, eine artige und saubere Frau, putzte gelassen und freundlich ihre Kinder heraus, und so wie eines entlassen war, kam es zutraulich zu Vrenchen gelaufen, zeigte ihm seine Herrlichkeiten und erzählte von allem, dessen es sich erfreute und rühmte. Wie nun der wohlduftende starke Kaffee kam, setzten sich die zwei Leutchen schüchtern an den Tisch, als ob sie da zu Gast gebeten wären. Sie ermunterten sich jedoch bald und flüsterten bescheiden, aber glückselig miteinander; ach, wie schmeckte dem aufblühenden Vrenchen der gute Kaffee, der fette Rahm, die frischen noch warmen Brödchen, die schöne Butter und der Honig, der Eierkuchen und was alles noch für Leckerbissen da waren! sie schmeckten ihm, weil es den Sali dazu ansah, und es aß so vergnügt, als ob es ein Jahr lang gefastet hätte. Dazu freute es sich über das feine Geschirr, über die silbernen Kaffeelöffelchen; denn die Wirthin schien sie für rechtliche junge Leutchen zu halten, die man anständig bedienen müsse, und setzte sich auch ab und zu plaudernd zu ihnen, und die Beiden gaben ihr verständigen Bescheid, welches ihr gefiel. Es war dem guten Vrenchen so wählig zu Muth, daß es nicht wußte, mochte es lieber wieder ins Freie, um allein mit seinem Schatz herumzuschweifen durch Auen oder Wälder, oder mochte es lieber in der gastlichen Stube bleiben, um wenigstens auf Stunden sich an einem stattlichen Orte zu Hause zu träumen. Doch Sali erleichterte die Wahl, indem er ehrbar und geschäftig zum Aufbruch mahnte, als ob sie einen bestimmten und wichtigen Weg zu machen hätten. Die Wirthin und der Wirth begleiteten sie bis vor das Haus und entließen sie auf das Wohlwollendste wegen ihres guten Benehmens, trotz der durchscheinenden Dürftigkeit, und das arme junge Blut verabschiedete sich mit den besten Manieren von der Welt und wandelte sittig und ehrbar von hinnen. Aber auch als sie schon wieder im Freien waren und einen stunden= langen Eichwald betraten, gingen sie noch in dieser Weise neben einander her, in angenehme Träume vertieft, als ob sie nicht aus zank= und elenderfüllten vernichteten Häusern herkämen, sondern guter Leute Kinder wären, welche in lieblicher Hoffnung wandelten. Vrenchen senkte das Köpfchen tiefsinnig gegen seine blumengeschmückte Brust und ging, die Hände sorglich an das Gewand gelegt, einher auf dem glatten feuchten Waldboden; Sali dagegen schritt schlank aufgerichtet, rasch und nachdenklich, die Augen auf die festen Eichenstämme geheftet wie ein Bauer, der überlegt, welche Bäume er am vortheilhaftesten fällen soll. Endlich erwachten sie aus diesen vergeblichen Träumen, sahen sich an und entdeckten, daß sie immer noch in der Haltung gingen, in welcher sie das Gasthaus verlassen, erröteten und ließen traurig die Köpfe hängen. Aber Jugend hat keine Tugend, der Wald war grün, der Himmel blau und sie allein in der weiten Welt, und sie überließen sich alsbald wieder diesem Gefühle. Doch blieben sie nicht lange mehr allein, da die schöne Waldstraße sich belebte mit lustwandelnden Gruppen von jungen Leuten, sowie mit einzelnen Paaren, welche schäkernd und singend die Zeit nach der Kirche verbrachten. Denn die Landleute haben so gut ihre ausgesuchten Pro=

menaden und Lustwälder, wie die Städter, nur mit dem Unterschied, daß dieselben keine Unterhaltung kosten und noch schöner sind; sie spazieren nicht nur mit einem besonderen Sinn des Sonntags durch ihre blühenden und reifenden Felder, sondern sie machen sehr gewählte Gänge durch Gehölze und an grünen Halden entlang, setzen sich hier auf eine anmuthige, fernsichtige Höhe, dort an einen Waldrand, lassen ihre Lieder ertönen und die schöne Wildniß ganz behaglich auf sich einwirken; und da sie dies offenbar nicht zu ihrer Pönitenz thun, sondern zu ihrem Vergnügen, so ist wohl anzunehmen, daß sie Sinn für die Natur haben, auch abgesehen von ihrer Nützlichkeit. Immer brechen sie was Grünes ab, junge Bursche wie alte Mütterchen, welche die alten Wege ihrer Jugend aufsuchen, und selbst steife Landmänner in den besten Geschäftsjahren, wenn sie über Land gehen, schneiden sich gern eine schlanke Gerte, sobald sie durch einen Wald gehen, und schälen die Blätter ab, von denen sie nur oben ein grünes Büschel stehen lassen. Solche Ruthe tragen sie wie ein Scepter vor sich hin; wenn sie in eine Amtsstube oder Kanzlei treten, so stellen sie die Gerte ehrerbietig in einen Winkel, vergessen aber auch nach den ernstesten Verhandlungen nie, dieselbe säuberlich wieder mitzunehmen und unversehrt nach Hause zu tragen, wo es erst dem kleinsten Söhnchen gestattet ist, sie zu Grunde zu richten. — Als Sali und Vrenchen die vielen Spaziergänger sahen, lachten sie ins Fäustchen und freuten sich, auch gepaart zu sein, schlüpften aber seitwärts auf engere Waldpfade, wo sie sich in tiefen Einsamkeiten verloren. Sie hielten sich auf, wo es sie freute, eilten vorwärts und ruhten wieder, und wie keine Wolke am reinen Himmel stand, trübte auch keine Sorge in diesen Stunden ihr Gemüth; sie vergaßen, woher sie kamen und wohin sie gingen und benahmen sich so fein und ordentlich dabei, daß trotz aller frohen Erregung und Bewegung Vrenchen's niedlicher einfacher Aufputz so frisch und unversehrt blieb, wie er am Morgen gewesen war. Sali betrug sich auf diesem Wege nicht wie ein beinahe zwanzigjähriger Landbursche oder der Sohn eines verkommenen Schenkwirthes, sondern wie wenn er einige Jahre jünger und sehr wohl erzogen wäre, und es war beinahe komisch, wie er nur immer sein feines lustiges Vrenchen ansah, voll Zärtlichkeit, Sorgfalt und Achtung. Denn die armen Leutchen mußten an diesem einen Tage, der ihnen vergönnt war, alle Manieren und Stimmungen der Liebe durchleben und sowohl die verlorenen Tage der zarteren Zeit nachholen als das leidenschaftliche Ende vorausnehmen mit der Hingabe ihres Lebens.

So liefen sie sich wieder hungrig und waren erfreut, von der Höhe eines schattenreichen Berges ein glänzendes Dorf vor sich zu sehen, wo sie Mittag halten wollten. Sie stiegen rasch hinunter, betraten dann aber ebenso sittsam diesen Ort, wie sie den vorigen verlassen. Es war Niemand um den Weg, der sie erkannt hätte; denn besonders Vrenchen war die letzten Jahre hindurch gar nicht unter die Leute und noch weniger in andere Dörfer gekommen. Deshalb stellten sie ein wohlgefälliges ehrsames Pärchen vor, das irgend einen angelegentlichen Gang thut. Sie gingen ins erste Wirthshaus des Dorfes, wo Sali ein erkleckliches Mahl bestellte; ein eigener Tisch wurde ihnen sonntäglich gedeckt und sie saßen wieder still und bescheiden daran und beguckten die schön getäfelten Wände von gebohntem Nußbaumholz, das ländliche aber glänzende und wohlbestellte Büffet von gleichem Holze, und die klaren weißen Fenstervorhänge. Die Wirthin trat zuthulich herzu und setzte ein Geschirr voll frischer Blumen auf den Tisch. „Bis die Suppe kommt," sagte sie, „könnt Ihr, wenn es Euch gefällig ist, einstweilen die Augen sättigen an dem Strauße.

Allem Anschein nach, wenn es erlaubt ist zu fragen, seid Ihr ein junges Brautpaar, das gewiß nach der Stadt geht, um sich morgen copuliren zu lassen?" Vrenchen wurde roth und wagte nicht aufzusehen, Sali sagte auch nichts und die Wirthin fuhr fort: "Nun, Ihr seid freilich beide noch wohl jung, aber jung geheirathet lebt lang, sagt man zuweilen, und Ihr seht wenigstens hübsch und brav aus und braucht Euch nicht zu verbergen. Ordentliche Leute können etwas zuwege bringen, wenn sie so jung zusammen kommen und fleißig und treu sind. Aber das muß man freilich sein, denn die Zeit ist kurz und doch lang und es kommen viele Tage, viele Tage! Je nun, schön genug sind sie und amüsant dazu, wenn man gut Haus hält damit! Nichts für ungut, aber es freut mich, Euch anzusehen, so ein schmuckes Pärchen seid Ihr!" Die Kellnerin brachte die Suppe, und da sie einen Theil dieser Worte noch gehört und lieber selbst geheirathet hätte, so sah sie Vrenchen mit scheelen Augen an, welches nach ihrer Meinung so gedeihliche Wege ging. In der Nebenstube ließ die unliebliche Person ihren Unmuth frei und sagte zur Wirthin, welche dort zu schaffen hatte, so laut, daß man es hören konnte: "Das ist wieder ein rechtes Hudelvölkchen, das wie es geht und steht nach der Stadt läuft und sich copuliren läßt, ohne einen Pfennig, ohne Freunde, ohne Aussteuer und ohne Aussicht, als auf Armuth und Bettelei! Wo soll das noch hinaus, wenn solche Dinger heirathen, die die Jüppe noch nicht allein anziehen und keine Suppe kochen können? Ach, der hübsche, junge Mensch kann mich nur dauern, der ist schön petschirt mit seiner jungen Gungeline!" "Bscht! willst Du wohl schweigen, Du häßiges Ding!" sagte die Wirthin, "denen lasse ich nichts geschehen! Das sind gewiß zwei recht ordentliche Leutlein aus den Bergen, wo die Fabriken sind; dürftig sind sie gekleidet, aber sauber, und wenn sie sich nur gern haben und arbeitsam sind, so werden sie weiter kommen als Du mit Deinem bösen Maul! Du kannst freilich noch lange warten, bis Dich Einer abholt, wenn Du nicht freundlicher bist, Du Essighasen!"

So genoß Vrenchen alle Wonnen einer Braut, die zur Hochzeit reiset: die wohlwollende Ansprache und Aufmunterung einer sehr vernünftigen Frau, den Neid einer heirathslustigen bösen Person, welche aus Aerger den Geliebten lobte und bedauerte, und ein lecteres Mittagsmahl an der Seite eben dieses Geliebten. Es glühte im Gesicht, wie eine rothe Nelke, das Herz klopfte ihm, aber es aß und trank nichts desto minder mit gutem Appetit und war mit der aufwartenden Kellnerin nur um so artiger, konnte aber nicht unterlassen, dabei den Sali zärtlich anzusehen und mit ihm zu lispeln, so daß es diesem auch ganz kraus im Gemüth wurde. Sie saßen indessen lang und gemächlich am Tische, wie wenn sie zögerten und sich scheuten, aus der holden Täuschung herauszugehen. Die Wirthin brachte zum Nachtisch süßes Backwerk und Sali bestellte feineren und stärkeren Wein dazu, welcher Vrenchen feurig durch die Adern rollte, als es ein wenig davon trank; aber es nahm sich in Acht, nippte blos zuweilen und saß so züchtig und verschämt da, wie eine wirkliche Braut. Halb spielte es aus Schalkheit diese Rolle und aus Lust, zu versuchen, wie es thue, halb war es ihm in der That so zu Muth und vor Bangigkeit und heißer Liebe wollte ihm das Herz brechen, so daß es ihm zu eng ward innerhalb der vier Wände und es zu gehen begehrte. Es war als ob sie sich scheuten, auf dem Wege wieder so abseits und allein zu sein; denn sie gingen unverabredet auf der Hauptstraße weiter, mitten durch die Leute und sahen weder rechts noch links. Als sie aber aus dem Dorfe waren und auf das nächstgelegene zugingen, wo Kirchweih war, hing sich Vrenchen an Sali's Arm und flüsterte mit zitternden Worten: „Sali, warum sollen wir uns nicht haben und glücklich sein!" „Ich weiß auch nicht warum!" erwiderte er und heftete seine Augen an den milden Herbstsonnenschein, der auf den Auen webte, und er mußte sich bezwingen und das Gesicht ganz sonderbar verziehen. Sie standen still, um sich zu küssen: aber es zeigten sich Leute und sie unterließen es und zogen weiter. . . .

Dasselbe Verlangen, das Keller zum Märchen geführt hat, hat ihn auch zu den „Sieben Legenden" geführt. Aber hier wie dort hat er die Freiheiten, die ihm der Stoff ließ, maßvoll benutzt; er hat von dem Rechte Gebrauch gemacht, mit dem Wie und Warum einmal leichter umzuspringen, aber nicht als ein Romantiker, mit schrankenlos ausschweifender Phantasie, sondern wieder mit gesundem, sittlichem Empfinden und mit strenger Kunst, als ein moderner Realist. Wenn die alten Legenden die transcendentale Frömmigkeit des männlichen oder weiblichen Heiligen verherrlichen, so reizt es den Schweizer in Gottfried Keller, den sehr menschlichen Rückschlag der zu hoch gespannten, überirdischen Anforderungen darzustellen. Glaubet nicht, über die allgemeinen Grundlagen unserer Natur euch erheben zu können, ihr Heiligen, sonst rächt sich das verleugnete Körperliche! Sonst zwingt es euch dennoch unter seine Macht zurück und erpreßt das Bekenntniß: Homo sum! Lassen wir den Himmel Himmel sein und bleiben wir einstweilen hübsch auf der Erden! Das sind die einfachen Wahrheiten, welche Keller unversehens aus den Legenden entgegengesprungen sind, als er den Antrieb empfand, jene „abgebrochen schwebenden

Gebilde zu reproduciren:" gewiß, das Antlitz wurde ihnen nach einer andern Himmelsgegend gewendet, als nach welcher sie in der überkommenen Gestalt schauen, aber ihr Reiz wurde dadurch für uns nicht vermindert. Mehrfach hat Keller in diesen Dichtungen den Sieg der Erde über den Himmel, der Sinne über die Askese, kurz das Hervorbrechen des Natürlichen dargestellt: die Nonne Beatrix verläßt das Kloster, weil ihre Brust voll Sehnsucht ist nach der Welt, und die Himmelskönigin selbst versieht ihren Dienst viele Jahre hindurch, bis das irdische Verlangen der Nonne gestillt; der schlimm=heilige Mönch Vitalis, der die weiblichen Sünderinnen bekehren will und den Ruf eines Wüstlings erwirbt, während er in Wahrheit als ein Heiliger lebt, verfällt der Macht der reizenden Jole und wird ein eben so vortrefflicher Weltmann und Gatte, als er ein Märtyrer gewesen war; Eugenia, der alexandrinische Blaustrumpf, welche in Männerkleidern dahintrollt, durch ihren Hochmuth den stattlichen Consul zurückschreckt, und zuletzt als Mönch in's Kloster gelangt, geräth durch ihre männlichen Liebhabereien in so große Verlegenheit, daß sie schließlich doch die Hilfsquellen ihres natürlichen Geschlechts anrufen muß und des Consuls Gattin wird. Alles dieses ist nicht frivoler Spott über Dinge, die andern heilig sind, sondern es ist, in des Dichters Sinne, der Sieg der Wahrheit, Natur und Sittlichkeit, es ist, wie in den Seldwyler Geschichten, Läuterung.

Ja, es darf sogar behauptet werden, daß Keller, indem er die Motive der Vorlagen vertiefte und verinnerlichte, nicht nur ihre Sittlichkeit bewahrt, sondern sie für uns erst wahrhaft sittlich gemacht hat. Wenn in der alten Legende der Ritter, der dem Teufel seine Frau verschrieben hat, durch die Jungfrau gerettet, und nachdem er Buße gethan, sogar mit Ehren und Reichthümern belohnt wird, so kennt der strengere moderne Dichter für das frivole Vergehen an dem Heiligsten, an dem Leben der Gattin, nur die äußerste Strafe: den Tod. Wenn in der alten Legende die Nonne Beatrix sich „dem gemeinen Leben" ergibt, dann zurückkehrt und Buße thut, nach dem Befehl der Jungfrau, indem sie allen Frauen erzählt, wie große Gnade ihr von Unser Lieben Frauen widerfahren sei, so ist das ein ziemlich äußerlicher Vorgang; wenn aber Keller's Nonne, nicht auf den Befehl der Jungfrau, sondern aus innerem Antriebe, ihr Geheimniß verkündigt, obgleich sie die Wahrheit verschweigen könnte, so ist das ein tief ethischer Zug. Auch der Ritter Zendelwald in der „Jungfrau und dem Ritter," dessen Gestalt im Turnier die Jungfrau angenommen hat, und für den sie so den Sieg erfocht und die geliebte Frau, — auch er baut nicht auf diese Lüge, wie er wohl könnte, sein Glück, sondern die volle Wahrheit sagt er heraus, während der Held der Legende sie verschweigt.

Gerade diese Geschichte ist höchst charakteristisch für die Art, in der Keller seine Vorlage ausgestaltet, und da die alte Legende nur kurz ist, so möchte ich sie hier wörtlich mittheilen:

„Es war einmal ein Ritter, der hieß Walter von Birberg. Derselbige hatte Unsre Liebe Frau sehr lieb und ritt einstens in ein Turnier. Als er nun unterwegs an eine Kirche kam, bat er seine Gesellen, zuvor mit ihm eine Messe zu hören. Diese wollten nicht und ritten fürbaß. Also blieb Ritter Walter allein dort, ließ Unsrer Lieben Frauen zu Ehren eine Messe singen und opferte mit großer Andacht. Dann ritt er in den Turnier. Unterwegs begegneten ihm viele Menschen, welche sagten, daß der Turnier bereits vorüber wäre. Er fragte, wer am besten gestochen habe. Die sagten, das hat Herr Walter von Birberg gethan, den rühmt man vor allen andern. Das nahm den Ritter Wunder; doch ritt er fürbaß, und kam noch frühe genug, um den Turnier sammt andern Rittern mit großem Lobe zu enden. Nach geendigtem Turnier kamen viele Ritter zu ihm und befahlen sich seiner Gnade, als Solche, welche im Stechen von ihm wären überwunden worden. Da erkannte er wohl, daß solche Ehre ihm von Unsrer Lieben Frauen Gnade widerfahren wäre und dankte ihr mit großer Andacht, und diente ihr derweil er lebte." (Kosegarten's „Legenden.")

Was hat nun Keller aus dieser naiven kleinen Geschichte gemacht?

Er hat zunächst und zuerst den Ritter zu einer individuellen Figur erhoben. Die Vorlage schildert einen zufälligen und äußerlichen Vorgang: man sieht nicht ein, weshalb Herr Walter nicht selbst den Sieg hätte erfechten können, den ihm die Gnade der Maria erstreitet; und man nimmt an dem beliebigen Turnier, bei dem zu siegen von geringem Belang ist, auch geringen Antheil. Keller, indem er den Ritter

Zendelwald als eine träumerische und unentschlossene Natur darstellt, einen grünen Heinrich, der durch das Turnier die Hand einer geliebten Frau erringen könnte, wenn er mit der Außenwelt nicht schwerer fertig würde, als mit der innern, — Keller macht aus dem zufälligen und gleichgültigen Hergang einen für des Helden ganzes Dasein entscheidenden, und zugleich innerlich berechtigten, denn er erfindet den reizenden Zug, daß die in Zendelwald's Gestalt gekleidete Maria der Geliebten Herz durch genau das nämliche Gespräch gewinnt, welches er in Gedanken selbst mit ihr geführt hatte, und nur aus Blödigkeit nicht hätte wirklich führen können: Zendelwald pflügt also nicht mit fremdem Kalbe, wie Herr Walter von Birberg, sondern im Grunde ist es doch sein eigenes Empfinden, das den Sieg ihm erwirbt.

Aber Keller hat nicht nur nach der ethischen Seite hin die Vorlage verbessert, sondern eben so herrlich nach der poetischen. Alles weiß er zu beleben und zu beseelen: die Menschen macht er persönlich, die Dinge sinnlich greifbar. Stimmung bringt er hinzu und Farbe, Duft und Zauber. Hier bringt er einen Einfall, so unglaublich komisch, wie jener vom Ritter Maus dem Zahllosen, der „zum Zeichen seiner Stärke die aus seinen Naslöchern hervorstehenden Haare etwa sechs Zoll lang wachsen lassen, und in zwei Zöpfchen geflochten, welche ihm über dem Mund herabhingen und an den Enden mit zierlichen rothen Bandschleifen geschmückt waren" — dort giebt er eine Schilderung von so entzückend sonniger Stimmung, wie jene von dem Banket, an welchem Zendelwald-Maria gnadenvoll theilnimmt: „Es schien überhaupt alles glücklich zu sein; in den grünen Laubgewölben in der Höhe sangen die Vögel um die Wette mit den Musikinstrumenten, ein Schmetterling setzte sich auf die goldene Krone des Kaisers und die Weinpokale dufteten wie durch einen besonderen Segen gleich Veilchen und Reseda." Dazu nun eine Macht und ein gesättigter Ton der Darstellung, eine Knappheit des Wortes bei innerlich quellendem Reichthum, denen gegenüber es nur einen Ausdruck giebt: vollendet. Was zuerst soll man preisen und was höher? So schlicht alles und so bezeichnend, jedes Wort das richtige und deckende, keines zu viel und keines zu wenig, keine Kluft zwischen der Sache und der Form, Satz um Satz heranrollend nach innerem Rhythmus. Hier hat sie ihren Gipfelpunkt erreicht, die Erzählungskunst Keller's, und kein Stück ist mir bekannt von deutscher Prosa, das höher stände, als die „Sieben Legenden."

Das ist viel gesagt, aber der Leser, welcher zweifelt, mag sogleich nach eigener Prüfung urtheilen. Eine der schönsten dieser Legenden, das „Tanzlegendchen," theile ich nun wörtlich mit. Auch in ihr hat Keller die Vorlage nach den Gesichtspunkten umgeschmolzen, welche wir kennen lernten. In der alten Legende wird durch Priester und Maria selbst die Tanzlustige belehrt, von dem sündhaften Tanze abzulassen; bei dem modernen Dichter ist der Begriff des Sündhaften ganz geschwunden und alles in die Sphäre des reinsten Humors gehoben. Vollends die ergreifende Symbolik des Schlusses ist gänzlich Keller's eigenstes Eigenthum:

Das Tanzlegendchen.

Nach der Aufzeichnung des heiligen Gregorius war Musa die Tänzerin unter den Heiligen. Guter Leute Kind, war sie ein anmuthvolles Jungfräulein, welches der Mutter Gottes fleißig diente und nur von einer Leidenschaft bewegt war, nämlich von einer unbezwinglichen Tanzlust, dermaßen, daß wenn das Kind nicht betete, es unfehlbar tanzte. Und zwar auf jegliche Weise. Musa tanzte mit ihren Gespielinnen, mit Kindern, mit den Jünglingen und auch allein; sie tanzte in ihrem Kämmerchen, im Saale, in den Gärten und auf den Wiesen, und selbst wenn sie zum Altare ging, so war es mehr ein liebliches Tanzen als ein Gehen, und auf den glatten Marmorplatten vor der Kirchenthüre versäumte sie nie, schnell ein Tänzchen zu probiren.

Ja, eines Tages, als sie sich allein in der Kirche befand, konnte sie sich nicht enthalten, vor dem Altar einige Figuren auszuführen und gewissermaßen der Jungfrau Maria ein zierliches Gebet vorzutanzen. Sie vergaß sich dabei so sehr, daß sie blos zu träumen wähnte, als sie sah, wie ein ältlicher aber schöner Herr ihr entgegen tanzte und ihre Figuren so gewandt ergänzte, daß beide zusammen den kunstgerechtesten Tanz begingen. Der Herr trug ein purpurnes Königskleid, eine goldene Krone auf dem Kopf und einen glänzend schwarzen gelockten Bart, welcher vom Silberreif der Jahre wie von einem fernen Sternenschein überhaucht war. Dazu ertönte eine Musik vom Chore her, weil ein halbes Dutzend kleiner Engel auf der Brüstung desselben stand oder saß, die dicken runden Beinchen darüber hinunterhängen ließ und die verschiedenen Instrumente handhabte oder blies. Dabei waren die Knirpse ganz gemüthlich und praktisch und ließen sich die Notenhefte von ebensoviel steinernen Engelsbildern halten, welche sich als Zierrath auf dem Chorgeländer fanden; nur der Kleinste, ein

pausbäckiger Pfeifenbläser, machte eine Ausnahme, indem
er die Beine übereinander schlug und das Notenblatt mit
den rosigen Zehen zu halten mußte. Auch war der am
eifrigsten; die Uebrigen baumelten mit den Füßen, dehnten,
bald dieser, bald jener, knisternd die Schwungfedern aus,
daß die Farben derselben schimmerten wie Taubenhälse, und
neckten einander während des Spieles.

Ueber alles dies sich zu wundern, fand Musa nicht
Zeit, bis der Tanz beendigt war, der ziemlich lang dauerte;
denn der lustige Herr schien sich dabei so wohl zu gefallen,
als die Jungfrau, welche im Himmel herumzuspringen
meinte. Allein als die Musik aufhörte und Musa hoch=
aufathmend dastand, fing sie erst an, sich ordentlich zu
fürchten und sah erstaunt auf den Alten, der weder keuchte
noch warm hatte und nun zu reden begann. Er gab sich
als David, den königlichen Ahnherrn der Jungfrau Maria
zu erkennen und als deren Abgesandten. Und er fragte sie,
ob sie wohl Lust hätte, die ewige Seligkeit in einem un=
aufhörlichen Freudentanze zu verbringen, einem Tanze, gegen
welchen der so eben beendigte ein trübseliges Schleichen zu
nennen sei?

Worauf sie sogleich erwiederte, sie wüßte sich nichts
Besseres zu wünschen! Worauf der selige König David
wiederum sagte: Wohlan, so habe sie nichts anderes zu
thun, als während ihrer irdischen Lebenstage aller Lust und
allem Tanze zu entsagen und sich lediglich der Buße und
den geistlichen Uebungen zu weihen, und zwar ohne Wanken
und ohne allen Rückfall.

Diese Bedingung machte das Jungfräulein stutzig und
sie sagte: Also gänzlich müßte sie auf das Tanzen ver=
zichten? Und sie zweifelte, ob denn auch im Himmel wirk=
lich getanzt würde? Denn Alles habe seine Zeit; dieser
Erdboden schiene ihr gut und zweckdienlich, um darauf zu

tanzen, folglich würde der Himmel wohl andere Eigenschaften haben, ansonst ja der Tod ein überflüssiges Ding wäre.

Allein David setzte ihr auseinander, wie sehr sie in dieser Beziehung im Irrthum sei, und bewies ihr durch viele Bibelstellen sowie durch sein eigenes Beispiel, daß das Tanzen allerdings eine geheiligte Beschäftigung für Selige sei. Jetzt aber erfordere es einen raschen Entschluß, ja oder nein, ob sie durch zeitliche Entsagung zur ewigen Freude eingehen wolle oder nicht; wolle sie nicht, so gehe er weiter; denn man habe im Himmel noch einige Tänzerinnen von Nöthen.

Musa stand noch immer zweifelhaft und unschlüssig und spielte ängstlich mit den Fingerspitzen am Munde; es schien ihr zu hart, von Stund an nicht mehr zu tanzen um eines unbekannten Lohnes willen.

Da winkte David und plötzlich spielte die Musik einige Takte einer so unerhört glückseligen, überirdischen Tanzweise, daß dem Mädchen die Seele im Leibe hüpfte und alle Glieder zuckten; aber sie vermochte nicht eines zum Tanze zu regen und sie merkte, daß ihr Leib viel zu schwer und starr sei für diese Weise. Da schlug sie voll Sehnsucht ihre Hand in diejenige des Königs und gelobte das, was er begehrte.

Da war er nicht mehr zu sehen und die musizirenden Engel rauschten, flatterten und drängten sich durch ein offenes Kirchenfenster davon, nachdem sie in muthwilliger Kinderweise ihre zusammengerollten Notenblätter den geduldigen Steinengeln um die Backen geschlagen hatten, daß es klatschte.

Da ging Musa andächtigen Schrittes nach Hause, jene himmlische Melodie im Ohr tragend, und ließ sich ein grobes Gewand anfertigen, legte alle Zierkleidung ab und zog jenes an. Zugleich baute sie sich im Hintergrunde des Gartens ihrer Eltern, wo ein dichter Schatten von Bäumen lagerte, eine Zelle, machte ein Bettchen von Moos darin, und lebte dort von nun an abgeschieden von ihren Hausgenossen als eine Büßerin und Heilige. Alle Zeit brachte sie im Gebete zu und öfter schlug sie sich mit einer Geißel; aber ihre härteste Bußübung bestand darin, die Beine still und steif zu halten; sobald nur ein Ton erklang, das Zwitschern eines Vogels oder das Rauschen der Blätter in der Luft, so zuckten ihre Füße und meinten, sie müßten tanzen.

Als dies unwillkürliche Zucken sich nicht verlieren wollte, welches sie zuweilen, ehe sie sich dessen versah, zu einem kleinen Sprung verleitete, ließ sie sich die feinen Füßchen mit einer leichten Kette zusammenschmieden. Ihre Verwandten und Freunde wunderten sich über die Umwandlung Tag und Nacht, freuten sich über den Besitz einer solchen Heiligen und hüteten die Einsiedelei unter den Bäumen wie einen Augapfel. Viele kamen, Rath und Fürbitte zu holen. Vorzüglich brachte man junge Mädchen zu ihr, welche etwas träg und unbeholfen auf den Füßen waren, da man bemerkt hatte, daß alle, welche sie berührt, alsobald leichten und anmuthvollen Ganges wurden.

So brachte sie drei Jahre in ihrer Klause zu; aber gegen das Ende des dritten Jahres war Musa fast so dünn und durchsichtig wie ein Sommerwölklein geworden. Sie lag beständig auf ihrem Bettchen von Moos und schaute voll Sehnsucht in den Himmel, und sie glaubte schon die goldenen Sohlen der Seligen durch das Blau hindurch tanzen und schleifen zu sehen.

An einem rauhen Herbsttage endlich hieß es, die Heilige liege im Sterben. Sie hatte sich das dunkle Bußkleid ausziehen und mit blendend weißen Hochzeitsgewändern bekleiden lassen. So lag sie mit gefalteten Händen und erwartete lächelnd die Todesstunde. Der ganze Garten war mit andächtigen Menschen angefüllt, die Lüfte rauschten und die Blätter der Bäume sanken von allen Seiten hernieder. Aber unversehens wandelte sich das Wehen des Windes in Musik, in allen Baumkronen schien dieselbe zu spielen, und als die Leute emporsahen, siehe, da waren alle Zweige mit jungem Grün bekleidet, die Myrthen und Granaten blühten und dufteten, der Boden bedeckte sich mit Blumen und ein rosenfarbiger Schein lagerte sich auf die weiße zarte Gestalt der Sterbenden.

In diesem Augenblick gab sie ihren Geist auf, die Kette an ihren Füßen sprang mit einem hellen Klange entzwei, der Himmel that sich auf weit in der Runde, voll unendlichen Glanzes, und Jedermann konnte hinein sehen. Da sah man viel tausend schöne Jungfern und junge Herren im höchsten Schein, tanzend im unabsehbaren Reigen. Ein herrlicher König fuhr auf einer Wolke, auf deren Rand eine kleine Extramusik von sechs Engelchen stand, ein wenig gegen die Erde und empfing die Gestalt der seligen Musa vor den Augen aller Anwesenden, die den Garten füllten. Man sah noch, wie sie in den offenen Himmel sprang und augenblicklich tanzend sich in den tönenden und leuchtenden Reihen verlor.

Im Himmel war eben hoher Festtag; an Festtagen aber war es, was zwar vom heiligen Gregor von Nyssa bestritten, von demjenigen von Nazianz aber aufrecht gehalten wird, Sitte, die neun Musen, die sonst in der Hölle saßen, einzuladen und in den Himmel zu lassen, daß sie da Aushülfe leisteten. Sie bekamen gute Zehrung, mußten aber nach verrichteter Sache wieder an den andern Ort gehen.

Als nun die Tänze und Gesänge und alle Ceremonien zu Ende und die himmlischen Heerschaaren sich zu Tische setzten, da wurde Musa an den Tisch gebracht, an welchem die neun Musen bedient wurden. Sie saßen fast ver=

schüchtert zusammengedrängt und blickten mit den feurigen schwarzen oder tiefblauen Augen um sich. Die emsige Martha aus dem Evangelium sorgte in eigener Person für sie, hatte ihre schönste Küchenschürze umgebunden und einen zierlichen kleinen Rußfleck an dem weißen Kinn und nöthigte den Musen alles Gute freundlich auf. Aber erst, als Musa und auch die heilige Cäcilia und noch andere kunsterfahrene Frauen herbei kamen und sich zu ihnen gesellten, da thauten sie auf, wurden zutraulich und es entfaltete sich ein anmuthig fröhliches Dasein in dem Frauenkreise. Musa saß neben Terpsichore und Cäcilia zwischen Polyhymnien und Euterpen und Alle hielten sich bei den Händen. Nun kamen auch die kleinen Musikbübchen und schmeichelten den schönen Frauen, um von den glänzenden Früchten zu bekommen, die auf dem ambrosischen Tische strahlten. König David selbst kam und brachte einen goldenen Becher, aus dem Alle tranken, daß holde Freude sie erwärmte; er ging wohlgefällig um den Tisch herum, nicht ohne der lieblichen Erato einen Augenblick das Kinn zu streicheln im Vorbeigehen. Als es dergestalt hoch herging an dem Musentisch, erschien sogar unsere liebe Frau in all' ihrer Schönheit und Güte, setzte sich auf ein Stündchen zu den Musen und küßte die hehre Urania unter ihrem Sternenkranze zärtlich auf den Mund, als sie ihr beim Abschiede zuflüsterte, sie werde nicht ruhen, bis die Musen für immer im Paradiese bleiben könnten.

Es ist freilich nicht so gekommen. Um sich für die erwiesene Güte und Freundlichkeit dankbar zu erweisen und ihren guten Willen zu zeigen, rathschlagten die Musen untereinander und übten in einem abgelegenen Winkel der Unterwelt einen Lobgesang ein, dem sie die Form der im Himmel üblichen feierlichen Choräle zu geben suchten. Sie theilten sich in zwei Hälften von je vier Stimmen, über welche

Urania eine Art Oberstimme führte, und brachten so eine merkwürdige Vokalmusik zuwege.

Als nun der nächste Festtag im Himmel gefeiert wurde und die Musen wieder ihren Dienst thaten, nahmen sie einen für ihr Vorhaben günstig scheinenden Augenblick wahr, stellten sich zusammen auf und begannen sänftlich ihren Gesang, der bald gar mächtig anschwellte. Aber in diesen Räumen klang er so düster, ja fast trotzig und rauh, und dabei so sehnsuchtsschwer und klagend, daß erst eine erschrockene Stille waltete, dann aber alles Volk von Erdenleid und Heimweh ergriffen wurde und in ein allgemeines Weinen ausbrach.

Ein unendliches Seufzen rauschte durch die Himmel; bestürzt eilten alle Aeltesten und Propheten herbei, indessen die Musen in ihrer guten Meinung immer lauter und melancholischer sangen und das ganze Paradies mit allen Erzvätern, Aeltesten und Propheten, Alles, was je auf grüner Wiese gegangen oder gelegen, außer Fassung gerieth. Endlich aber kam die allerhöchste Trinität selber heran, um zum Rechten zu sehen und die eifrigen Musen mit einem lang hinrollenden Donnerschlage zum Schweigen zu bringen.

Da kehrten Ruhe und Gleichmuth in den Himmel zurück; aber die armen neun Schwestern mußten ihn verlassen und durften ihn seither nicht wieder betreten.

IV.

In die dritte Periode des Keller'schen Schaffens, wie ich es fasse, gehören die „Züricher Novellen," die neue Ausgaben des „Grünen Heinrich" und „das Sinngedicht"; und ich sagte schon, daß die Unterschiede zwischen dieser Zeit und der vorhergehenden keine ganz durchschlagenden sind. Dennoch glaube ich, in dieser dritten Periode ein Erstarken des Realismus wahrzunehmen und ein — ich will nicht sagen völliges Herauswachsen aus der Romantik, aber ein Zurücktreten doch und zum Theil ein Ironisiren romantischer Ideale, an die der Dichter selbst nur halb noch glaubt. Die Seldwyler Novellen spielten irgendwo in der Schweiz, die Züricher Novellen spielen in Zürich. Der historische Sinn macht sich stärker als vorher geltend: wir erhalten einen ganzen Cyklus aus der Vorzeit der Vaterstadt. Der Vortrag wird breiter, zum Theil volksthümlicher und populärer: während der Dialog in den „Leuten von Seldwyla" und den „Legenden" äußerst sparsam auftritt, haben wir ganze Reden in dem „Fähnlein der sieben Aufrechten," lebhaft bewegte Wortgefechte im „Sinngedicht."

Wenn wir früher eine halb mystische Verehrung des Volksthümlichen beobachteten, so ist wohl auch jetzt diese

Verehrung keineswegs erstorben, aber doch wird im „Sinngedicht" der Amerikaner Erwin ironisirt, weil er in der Magd Regine „ein Bild verklärten deutschen Volksthumes" über das Meer zu bringen hofft, und sich ihre Liebesneigung „so recht im Tone deutscher Volkslieder vorstellt, von einem romantischen Schimmer übergossen." Und wenn der Jean Paulisirende Dichter früher das Ergreifen poetischer Seligkeit pries, welche mit goldener Fluth alles Kleine hinwegspült, so macht er sich jetzt lustig über Hadlaub, bei dem „das Schöne schöner sein sollte, als das wirkliche Leben" und ein wenig auch — über sich selbst, wenn er im „Sinngedicht" zuerst das prachtvolle Bild ausmalt, wie Reinhart die Lucie findet an dem weißen Marmorbrunnen, mit den schwimmenden Rosen, und dann selbst bemerkt, daß das Bild „eher der idealen Erfindung eines müßigen Schöngeistes, als wirklichem Leben glich."

Einen didaktischen und praktischen Zug, ein ethisches Moment haben wir in den „Leuten von Seldwyla" und den Legenden beobachtet, und wir beobachten ihn auch in den „Züricher Novellen." Die drei Geschichten des ersten Bandes werden zu einem praktischen Zwecke erzählt: die falsche Originalitätssucht des Knäbchens Jacques soll überwunden werden. Der Dichter wird Lehrer, er giebt eine Folge von pädagogischen Geschichten. So hatte er in „Regel Amrain" nicht eine einzelne pädagogische Handlung, aber das Muster einer guten Erziehung im Ganzen geschildert, im „Grünen Heinrich" und in der Episode vom „Meretlein" die Muster einer schlechten Erziehung. Auch dieses pädagogische Moment darf als schweizerisch bezeichnet werden; es genügt den Namen Pestalozzi zu nennen. Bei Keller wird es gekräftigt durch eine ausgesprochene Neigung für die Kinder, von der schon die Rede war; er hat sie nicht nur als Poet, sondern auch als Autor eines „Lesebuches für die mittlere Volksschule" bethätigt. Unter seinen Gedichten ist eins der innigst empfundenen jenes frühe, das „Bei einer Kindesleiche" überschrieben ist:

> So bist erlöscht du, lieblich junges Licht,
> Das mir erquickend in das Herz gezündet?
> Noch sprach drei Worte deine Zunge nicht,
> Doch hat dein Lallen mir so viel verkündet!
> Das Sehnen, das die zartsten Bande flicht,
> Es hat tiefsinnig mich mit dir verbündet:
> Ja vor viel Großem unter dieser Sonnen
> Hab' ich dich Kleinen werth und lieb gewonnen!

Und bezeichnend endet das schöne Gedicht „Von Kindern" mit dem Verse: „Es thut mir weh' an meiner Kinderliebe." In den Novellen führt der Dichter gern die Liebe der Erwachsenen auf gemeinsam verbrachte Kindheit zurück, so in „Ursula," so im „Fähnlein der sieben Aufrechten," und er versteht es meisterlich durch lebendiges Detail diese Kindheitserinnerungen gegenständlich zu machen. Oder er beginnt damit (hierin Storm ähnlich), die zukünftigen Liebenden als Kinder vorzuführen, wie in „Romeo und Julia auf dem Dorfe," in „Dietegen" oder „Hadlaub" und geht dann mit schnellen Schritten oder auch Sprüngen auf die eigentliche Handlung über. Den größten Sprung macht die Erzählung so im „Hadlaub," wo uns der Held zuerst als zehnjährig und dann sogleich als achtzehnjährig gezeigt wird.

Im „Hadlaub" hat Keller wiederum die Quellen nicht nur trefflich benutzt, sondern auch eine jener Läuterungen sich vollziehen lassen, die er mit Vorliebe darstellt. Hadlaub, zuerst ein etwas weicher Lyriker, ein schmachtender Minnesänger, wird durch die wahre Liebe und den Ernst des Erlebten fester und sicherer: als er die Geliebte errungen, „klangen seine Worte mit volltönender Stimme, wie aus einer andern als der bisherigen Brust, wie wenn sie wirklich aus Panzer, Schild und Helm hervorschallte, wie von der Mauerzinne einer festen Stadt herunter." Ein anderer psychologischer Prozeß, den gleichfalls die Liebe hervorbringt, vollzieht sich an Fides, Hadlaub's Braut, welche in der tiefen Neigung zu dem Manne die Schwermuth überwindet, die der Makel ihrer Geburt in ihr erweckt hat, und die aus dieser tiefen Neigung die Kraft schöpft, ihre Wahl gegen die Welt zu behaupten. Durch diese Vorgänge erhalten die bewunderungswürdig zarten und zierlichen Bilder, welche die Dichtung vor uns entrollt, wieder einen ernsten ethischen Hintergrund.

Eine höchst eigenthümliche Figur, deren Originalität selbst unter den vielen originellen Keller'schen Figuren noch besonders auffällt, ist der „Narr auf Manegg," der an der Qual leidet, sein zu wollen, was er nicht ist. Nacheinander will er ein Prälat sein, ein Feldhauptmann, ein Ritter und ein Minnesänger, und jedem menschlichen Wesen, auf das er stößt, will er etwas aufbinden, es zu einem Glauben nöthigen und ihm einen Beifall abzwingen. Er ist immer thätig, aber immer auf die falsche Weise, er ist die verkörperte Zwecklosigkeit und bei aller scheinbaren Beweglichkeit, bei aller Zungenfertigkeit gebricht es ihm doch an wirklichem Verstande. Es ist das ein echt Keller'scher Zug, der mehrfach wiederkehrt, diese Gegenüberstellung von scheinbarer und wirklicher Gescheidtheit, diese Geringschätzung der äußeren Weltklugheit, die doch vor dem Einfachen und Echten sich überwunden erklären muß. So singt er schon in dem „Lied vom Schuft": „Ein dummer Teufel ist der Schuft, Weil er doch der Geprellte ist, Wenn ihn ein rein, einfältig Herz, Mit großen, blauen Augen mißt"; oder er berichtet von Karl's Nebenbuhler, im „Fähnlein der sieben Aufrechten," daß er für einen „klugen, jungen Mann galt, der es zu etwas brachte," dabei aber in seinen Unternehmungen durchaus nicht zweckmäßig verfuhr, sondern „ganz willkürlich und einfältig, und im Uebrigen der dümmste Kerl von der Welt" war; oder er contrastirt im „Sinngedicht" die innere Weisheit der Lux und die Zungenweisheit der Waldhorn-Wirthin, hinter deren schlagfertigem Redewerk eitel Thorheit und Unwissenheit steckt und die trotz ihres Rufes eines durchtrieben klugen Wesens in der dunkelsten Gemüthsfinsterniß verharrt — als ein vollständiges Schaf.

Aus einem ganz anderen Ton als der düstere „Narr von Manegg" geht die Geschichte des „Landvogt von Greifensee." Nie ist die zufriedene, milde, herbstliche Resignation des Junggesellen zarter und liebenswürdiger geschildert worden, als hier. Es steckt viel Erlebtes in der

Novelle, wie man leicht erkennt und wie die Uebereinstimmung mit dem Schluß der neuen Ausgabe des Romans bestätigen kann: beide Helden sind künstlerisch veranlagte Naturen, die aber der Kunst entsagen und im Staatsdienst Befriedigung finden; an beiden zieht eine Reihe von schönen Mädchengestalten vorüber, beide sterben als Jungsellen. Nur daß wir der belebteren Darstellung des "Landvogts," die uns einen wirklichen Einblick gestattet in die bürgerliche Thätigkeit des Helden, vor dem etwas flüchtigen und abstrakten Schluß des Romans den Vorzug geben. Nur daß die Resignation, mit der Heinrich und Judith auf eine Verbindung verzichteten, weil sie "zu viel von der Welt gesehen und geschmeckt haben, um einem vollen und ganzen Glück zu vertrauen," uns weniger anmuthet, als die Resignation des Landvogts, der in zufriedenster Laune noch einmal seine fünf Geliebten auf seinem Schlosse vereinigt sieht: "Wie gut haben es Zeit und Schicksal mit mir gemeint! Wohl sind es die Rosen der Entsagung, welche die Zeit mir gebracht hat; aber wie herrlich und dauerhaft sind sie! Wie unvermindert an Schönheit und Jugend sehe ich Euch vor mir blühen! Eure Herzen und Eure Augen sollen lange leben, o Salome, o Figura, Wendelgard, Barbara, Aglaja."

Nachdem durch die Bekanntschaft mit diesen drei Originalen, dem Hadlaub, dem Narren von Manegg, dem Landvogt von Greifensee und ihrem wechselvollen, schweren Schicksale das Verlangen des braven Jacques, selber ein Original zu werden, denn doch ein wenig abgekühlt, scheint er als geheilt der Entlassung entgegen zu gehen. Aber

Keller, der stets seinen Helden gegenüber, vom grünen Heinrich bis zu den jüngsten Figuren im Sinngedicht, eine gute Portion Ironie bereit hat und vollends über diesen armen Jacques das ganze Füllhorn ausschüttet, kann sich nicht von ihm scheiden, ohne noch einmal seine kleinen Schwächen zu geißeln. So ergötzlich aber und so harmlos geschieht das, daß ich auch diese Scenen, als eine fernere Probe Keller'schen Humores, mit all ihrer behaglichen Umständlichkeit hier wiedergeben möchte:

Keineswegs wendete Herr Jacques sich von den Idealen ab; wenn er auch selbst nichts mehr hervorzubringen trachtete, so bildete er sich dagegen zu einem eifrigen Beschützer der Künste und Wissenschaften aus und wurde ein Pfleger der jungen Talente und Vorsteher der Stipendiaten. Er wählte dieselben, mit Lorgnon, Sehrohr und hohler Hand bewaffnet, vorsichtig aus, überwachte ihre Studien, sowie ihre sittliche Führung; das erste Erforderniß aber, das er in allen Fällen festhalten zu müssen glaubte, war die Bescheidenheit. Da er selber entsagt hatte, so verfuhr er in dem Punkte um so strenger gegen die jungen Schutzbedürftigen; in jedem Zeugnisse, das er verlangte oder selbst ausstellte, mußte das Wort Bescheidenheit einen Platz finden, sonst war die Sache verloren, und bescheiden sein war bei ihm halb gemalt, halb gemeißelt, halb gegeigt und halb gesungen!

Bei der Einrichtung von Kunstanstalten, Schulen und Ausstellungen, beim Ankaufe von Bildern und dergleichen führte er ein scharfes Wort und wirkte nicht minder in die Ferne, indem er stetsfort an den ausländischen Kunstschulen oder Bildungsstätten hier einen Kupferstecher, dort einen Maler, dort einen Bildhauer, anderswo einen Musikus oder Sterndeuter am Futter stehen hatte, dem er aus öffentlichen ober eigenen Mitteln die erforderlichen Unterstützungsgelder zukommen ließ. Da gewährte es ihm denn die höchste Genugthuung, aus dem Briefstil der Ueberwachten den Grad der Bescheidenheit oder Anmaßung, der unreifen Verwegenheit oder der sanften Ausdauer zu erkennen und jeden Verstoß mit einer Kürzung der Subsidie, mit einem Verschieben der Absendung und einem vierwöchentlichen Hunger zu ahnden und Wind, Wetter, Sonne und Schatten dergestalt eigentlich zu beherrschen, daß die Zöglinge in der That auch etwas erfuhren und zur besseren Charakterausbildung nicht so glatt dahinlebten.

Einmal nur wäre er fast aus seiner Bahn geworfen worden, als er nämlich nach gehöriger Ausreifung aller Verhältnisse seine vorbestimmte Braut feierlich heimführte und so das Kunstwerk seiner ersten Lebenshälfte abschloß.

Er stand, nach mannigfaltigen und nützlichen Reisen, nicht mehr in erster Jugend, an der Spitze des ererbten Handelsgeschäftes, welches sich gewissermaßen von selbst fortführte. Das Besitzthum war umschrieben, sichere Erbanfälle der Zukunft waren vorgemerkt, auch diejenigen, welche der Braut nicht ausbleiben konnten, marquirt, so daß nach menschlichem Ermessen einer nicht unbescheidenen Zahl zu erhoffender Kinder jetzt schon der Wohlstand gewährleistet schien; so wurde denn zur längsterwarteten offenen Werbung geschritten, die Verlobung abgehalten, die Hochzeit verkündet und letztere gefeiert, nicht ohne vorhergehende achttägige Kur und Einnahme blutreinigender Absüde mit Hütung des Hauses; wie ein frommer Weihekrug dampfte während dieser Zeit der Hafen mit den Sennesblättern und dem Glaubersalz. Die Hochzeitreise aber ging über die Alpen nach Hesperiens goldenen Gefilden, und der Zielpunkt war das ewige Rom. Einen hohen Strohhut auf dem Kopfe, in gelben Nanking gekleidet, mit zurückgeschlagenem Hemdkragen und fliegenden

Halstuchzipfeln, führte er die Neuvermählte auf den sieben Hügeln herum, die ihm ganz bekannt und geläufig waren. Stets noch geschmückt mit langen Locken ging oder mußte sie gehen mit grünem Schleier und schneeweißem Gewande; denn die diesfällige Sorge der Mutter hatte nun der gebietende Herr Jacques übernommen und er wählte und bestimmte als geschmackübender Mann ihre Kleidung.

Nun lebte gerade zu jener Zeit in Rom ein junger Bildhauer, dessen Unterhalt und Studium er aus der Ferne lenkte.

Die Bericht- und Gesuchschreiben des Jünglings waren mit aller Bescheidenheit und Demuth abgefaßt, keinerlei Ueberhebung oder Spuren ungehöriger Lebensführung darin sichtbar; sein Erstlingswerk, ein dürstender Faun, der den Schlauch erhebt, sollte just der Vollendung entgegenreifen. Daher bildete nun die Heimsuchung des Schützlings einen Glanz- und Höhepunkt dieses römischen Aufenthaltes, und es schien ein solcher Gang ein durchaus würdiges, wenn auch bescheidenes Zeugniß selbsteigener Bethätigung inmitten der klassischen Scenen abzulegen, die Person des Herrn Jacques mit der großen Vergangenheit zu verbinden und so am füglichsten seine Entsagung zu lohnen, indem er an seinem geringen Orte als eine Art Mäcen den erhabenen Schauplatz beschreiten durfte.

Er war auf ein bescheidenes, aber reinliches und feierlich stilles Atelier gefaßt, in welchem der gelockte Jüngling sinnig vor seinem Marmor stände. Muthig drang er, die Gattin am Arme, in die entlegene Gegend am Tiberflusse vor, auf welchem, wie er ihr erklärte, die Kähne mit den carrarischen Marmorblöcken hergefahren kämen. Schon erblickte er im Geiste den angehenden Thorwaldsen oder Canova, von dem Besuche anständig froh überrascht, sich erstaunt an sein Gerüst lehnen und mit schüchterner Geberde die

Einladung zum Mittagessen anhören; denn er gedachte dem Trefflichen einen guten Tag zu machen, wußte er doch, daß derselbe den ihm ertheilten Vorschriften gemäß sparsam lebte und, obschon er erst neulich seine Halbjahrpension erhalten, gewiß auch heute noch nicht gefrühstückt habe, der ihm eingeprägten Regel eingedenk, daß es für einen jungen unvermögenden Menschen in der Fremde vollkommen genüge, wenn er im Tag einmal ordentlich esse, was am besten des Abends geschehe.

Endlich war der Ort gefunden. Eine ziemliche Wildniß und Wüstenei von Gemäuer, Holzplanken, alten Oelbäumen und Weinreben, wozwischen eine Menge Wäsche zum Trocknen aufgehängt war, stellte das Propyläum vor. Da der Anblick sehr malerisch war, so schritt der Herr Mäcen wohlgemuth weiter, zumal das Gebäude im Hintergrunde, welches die Werkstatt zu enthalten schien, ebenso poetisch auf seinen künstlerischen Sinn einwirkte; denn es war ganz aus ververwitterten, einst behauen gewesenen Werkstücken, Gesimsen und Kapitälen zusammengesetzt und mit prächtigem Epheu übersponnen. Die Thürpfosten bestanden aus zwei kolossalen bärtigen Atlanten, welche bis zum Nabel in der Erde steckten und eine quer gelegte mächtige Säulentrommel auf ihrem Genicke trugen; jedoch Kühlung gewährte ihnen bei dieser Arbeit das Dach einer niedrigen aber weit verzweigten Pinie, die so das Halbdunkel des Inneren fortsetzte und auch über die Pforte warf. Allein, wie nun das wandernde Paar sich diesen Schatten mehr und mehr näherte, wurden sie immer vernehmlicher von geisterhaften Tönen, Gesängen, Saitenspiel und Trommelschall belebt und dieses Gesumme wieder übertönt von einzelnem Rufen und Schreien; es war, als ob in der Stille und Abgeschiedenheit der grünen Wildniß ein unsichtbares Bacchanal verschollener Geister abgehalten würde. Erstaunt horchte Herr Jacques eine Weile, und als der spukhafte Lärm immer lauter wurde, betrat er endlich entschlossen den inneren Raum.

Es glich derselbe einer kühlen großen Waschküche; an der Wand befand sich der Herd mit einem großen Kessel; allerlei Kufen, Zuber und Kübel standen herum; einige darunter waren mit Brettern belegt und bildeten so zusammen einen langen Tisch, der mit weißen Tüchern bedeckt und mit langhalsigen Korbflaschen bepflanzt war; dazwischen standen Schüsseln mit den Resten eines einfachen ölduftenden Mahles, mit einigen Fischköpfen, Salatblättern und braunen Kuchen.

An dem Tische saßen verschiedene Gruppen von Männern und Frauen in römischer Volkstracht, die bräunlichen Frauen mit den weißen Kopftüchern und großen goldenen Ohrringen, die Herren mit ganz kleinen Ohrringen und in kurzen Jacken, spitze Hüte auf den schwarzen Krausköpfen.

Alles das sang und spielte die Guitarre oder die Mandoline, und zwei hübsche Paare führten, das Tamburin schlagend, einen Tanz auf. Das schönste der Frauenzimmer saß oben an dem schmalen Brett neben dem einzigen blonden Manne, der in der Gesellschaft zu finden war; sie kehrten aber einander den Rücken zu, indem das Weib, an ihn gelehnt und die Beine übereinander geschlagen, ebenfalls sang und auf eine schellenbesetzte Handtrommel schlug, während der Blonde mit seinem Nachbar Morra spielte, fortwährend die Finger auswarf und mit wüthender Stimme die Zahlworte ausrief. Dieser war der Bildhauer; er trug jedoch keine Locken, sondern das Haar so kurz am Kopfe weggeschnitten, wie eine abgenutzte Schuhbürste; dafür war der Bart stark und struppig und das Gesicht roth erhitzt, so daß Herr Jacques ihn kaum wiedererkannte.

Kurz gesagt, feierte der Bildhauer eben seine Hochzeit und die neben ihm sitzende Römerin war die Braut. Wie der Bräutigam der einzige Blonde, war er auch der einzige Angeheiterte im Hause. Während die Uebrigen über der Lichterscheinung des Mäcenatenpaares still geworden und Jeder erstaunt an der Stelle verharrte, wo er saß oder stand, sprang der Angetrunkene ohne alle Berechnung der Umstände auf und hieß seinen Gönner und Herrn höchlich willkommen an seinem Ehrentage, welchen er ihm jetzt nachträglich verkündigte und erklärte. Er hatte diese heimliche Verheirathung und gemischte Ehe am Sitze der Unduldsamkeit selbst mit Hülfe einer propagandalustigen Geistlichkeit durchgesetzt, die einer protestantischen Gesandtschaft beigegeben war und mit Gesellschaften verschiedener Nationen in Verbindung stand, die dergleichen menschenfreundliche Intriguen betrieben, nicht etwa in Voraussicht einer freisinnigen Gesetzgebung, wie sie jetzt alle fortgeschrittenen Staaten aufweisen, sondern um die Folgen der Unbescheidenheit armer Leute, wo sie thatsächlich auftraten, zu legitimiren und der Sitte äußerlich zu unterwerfen.

Herr Jacques faßte den Handel wenigstens so auf; er war empört und bleich vor Erregung und fuhr halblaut den neuen Pygmalion an:

„Und dieses saubere Hochzeitsgelage, herbeigeführt durch gewissenlose Mucker und Frömmler, wird natürlich aus den Unterstützungsgeldern bestritten, die ich erst neuerlich abgesandt habe?"

„So unmittelbar wohl nicht," sagte der Heirathsmann gemüthlich nachdenkend; „die Sache verhält sich nämlich so, daß ich bei diese schwierigen Zeitläufen klug zu thun glaubte, wenn ich mich mit meinem Stipendium an der schönen Wäscherei meiner Schwiegermutter betheilige, gewissermaßen als Commanditär, und es hat sich als nicht unpraktisch bewährt. Ich genieße die Kost und Verpflegung einer rüstigen und gesuchten Waschfrau, welche ungleich besser ist, als diejenige eines Stipendiaten, und erspare die Miethe für ein eigenes Atelier, da mir diese geräumige Waschküche namentlich des Sonntags, an den vielen katholischen Feiertagen und überdies fast die Hälfte der Woche hindurch den geeigneten Platz für meine Arbeiten gewährt. Sobald ich jenen Fensterladen im Dachwinkel dort aufstoße, ergießt sich die schönste Lichtmasse auf meine Modelle!"

„Wo sind sie, diese Modelle? wo ist der dürstende Faun, der schon aus dem Marmor herauswachsen soll?" rief vor Zorn beinahe stammelnd der Mäcenatsherr, der sich schändlich gefoppt glaubte und mit flammenden Augen an den Wänden herumsuchte, wo nichts zu finden war, als einige bestaubte und von Rauch geschwärzte Gliedmaßen, nämlich die in Gips abgeformten Füße, Hände und Arme der schöngewachsenen Braut oder nunmehrigen Frau des fröhlichen Scholaren.

Der wurde jetzo doch etwas kleinlaut; denn er war leider nicht vorbereitet, als Held einer der heute so beliebten Bildhauernovellen zu dienen, da er sich eben im unheimlichen Stadium des faulen Hundes befand, dem ja seiner Zeit auch der junge Thorwaldsen nicht entgangen ist. Er schaute mit unsicheren Blicken nach einer dunkeln Ecke, als Herr Jacques von Neuem schrie: „Wo ist der dürstende Faun?" und ging mit schwankenden Schritten nach jener Richtung hin; mit Bedauern nahm er wahr, wie rasch die Dinge sich ändern und wie fröhlich er vorhin noch sein „cinque, due, sette, quattro!" gerufen hatte.

Aber es half nichts; unerbittlich folgte, stets die weiße Dame am Arme, Herr Jakobus auf den Füßen; die ganze Hochzeitsversammlung schloß sich neugierig an und bald stand ein Ring schöner Leute um eine geheimnißvoll vermummte Gestalt herum, welche auf einem Modellirstuhle stand.

Ganz nahe ließ sich dem Geheimniß jedoch nicht beikommen wegen eines Haufens Kartoffeln und anderen Gemüses, das davor und darunter lag. Nachdem der Bildhauer einen Fensterladen aufgestoßen, fiel das Licht auf eine mit eingetrockneten Tüchern umwickelte Thonfigur, und Jener arbeitete sich durch die Kartoffeln, um letztere der Hüllen zu entledigen. Mit den Tüchern fiel ein abgedorrtes Ziegenohr des Fauns herunter und mehr als ein Finger der erhobenen Hände. Endlich kam der gute Mann zum Vorschein; das gierig durstige Gesicht war herrlich motivirt durch den wie ein dürres Ackerland zerklüfteten Leib, der den wohlthätig anfeuchtenden Wasserstaub seit vielen Wochen nicht verspürt haben mochte. Der Weinschlauch fehlte auch noch, wodurch der Aermste das Ansehen jenes in der Tiber gefundenen Adoranten gewann und um etwas Flüssiges zu beten schien.

Das Ganze machte den Eindruck wie ein vor unvordenklichen Zeiten verlassenes stilles Bergwerk.

Alle betrachteten erstaunt diese vertrocknete Unfertigkeit; der Bildhauer aber bekam selber Durst von dem Anblick, drückte sich hinweg, und als der unschlüssige Mäcen sich nach ihm umschaute, um verschiedene Fragen an ihn zu richten, sah er ihn einsam am Tische stehen, wie er eine der langgehalsten Flaschen in die Höhe hielt und von oben herunter einen Strahl rothen Weines mit größter Sicherheit in die Kehle fallen ließ, ohne zu schlucken oder einen Tropfen zu verlieren.

Hierüber mußte er endlich selbst lachen und es begann ihm die Ahnung aufzudämmern, daß es sich um eine gute Künstleranekdote, um ein prächtiges Naturerlebniß handle. Kaum ward die etwas verdutzt gewordene Gesellschaft dieser besseren Wendung inne, so kehrte die alte Fröhlichkeit zurück; die beiden Ehrenpersonen, Herr und Frau, sahen sich augenblicklich an den Ehrenplatz am Tische versetzt; Gesang, Musik und Tanz wurden wieder aufgenommen, und Herr Jacques war ganz Aug' und Ohr, um keinen Zug des Gemäldes zu verlieren und wenigstens den ästhetischen Gewinn dieser Erfahrung möglichst vollständig einzuheimsen.

Gerade als seine Aufmerksamkeit am höchsten war, ereignete sich etwas Neues. Die Schwiegermutter des glücklichen Pygmalion erschien mit einem zierlich geputzten Wickelkindchen auf dem Arm und Alles rief: Der Bambino! Es war in der That das voreheliche Kindlein, welches den Anlaß zu dieser Hochzeit gegeben hatte und nun dem reisenden Paare von dem Bildhauer mit großer Fröhlichkeit vorgewiesen wurde, indessen die schöne Braut verschämt in ihren Schoß sah. Ein größerer Unwille, eine dunklere Entrüstung als je zuvor zogen sich auf dem Antlitze des Herrn Jacques zusammen; allein schon hatte seine sanfte weiße Gemahlin das Wesen sammt dem Kissen in die Arme genommen und schaukelte dasselbe freundlich und liebevoll; denn es war ein sehr hübsches Kind und sie empfand schon eine Sehnsucht nach einem eigenen Leben dieser Art.

Durch solche Güte und Holdseligkeit ermuthigt, gestand der Stipendiarius, daß das arme Würmlein noch nicht getauft und daß ihm soeben der ehrerbietige Gedanke aufgestiegen sei, ob sich der hochachtbare Herr Gönner nicht vielleicht zu Gevatter bitten ließe? Der Taufe, welche demnächst stattfinden müsse, brauchte er deshalb nicht selbst beizuwohnen, da sich schon ein anständiger Stellvertreter finden würde, wenn man nur den Herren als Taufzeugen nennen und einschreiben lassen dürfte.

Ein weicher Blick der Gattin entwaffnete seinen wachsenden Zorn; schweigend nickte er die Einwilligung, riß ein Blättchen Papier aus seinem Notizbuche, wickelte einen Dukaten darein und steckte denselben dem Kindlein unter das bunte Wickelband. Dann aber floh er unverweilt mit der

Gemahlin aus der Höhle der Unbescheidenheit, wie er die malerische Waschküche nannte.

Als er zu Hause seinem jetzt sehr alten Herrn Pathen verdrießlich erzählte, wie er zu Rom selbst Pathe geworden sei, lachte jener vergnüglich und wünschte ihm, daß er eben so viele Freude an dem Täufling erleben möge, wie er, der Meister Jakobus, ihm einst gemacht habe und noch mache. . . .

Diejenige Dichtung, welche Keller's Namen neuerdings in weitere Schichten hat bringen lassen, als zuvor, ist sein jüngster Novellen-Cyklus gewesen, das „Sinngedicht." Ganz athmet er jene optimistische Stimmung, welche wir als Keller's besonderes Eigenthum, gegenüber andern modernen Poeten, in Anspruch nahmen. Es erscheinen wenige Dichtungen in unseren Tagen, die so reinste Lebensfreudigkeit, so lichtes Glück und Behagen ausstrahlen, wie dieser wundervolle Cyklus. Ein hohes Lied des Optimismus möchte man das „Sinngedicht" heißen, das, weit entfernt von allem theoretischen Gerede, allein durch die schönste Praxis helle Daseinslust lehrt. Ein so sonniges Glücksgefühl strahlt es aus, daß man sich in die Seele des Autors hinein freut und selber, in lieblicher Täuschung, zu besitzen meint, was das Eigenthum jenes ist. Und, was das Merkwürdige bleibt: diese Stimmung erzeugt sich nicht etwa durch eine von Anfang bis zu Ende heitere Dichtung, dieser Optimismus ist nicht der Optimismus einer beschaulichen, weltfremden Natur, die die Schalen ihrer Behausung vor jeder Berührung verschließt, sondern es ist (wie in den „Gedichten") die Lebensfreude eines geprüften Mannes, der viel erforscht und viel erlebt hat, der auch in diesem Buche in die Tragik des Daseins uns hineinschauen läßt, und der dennoch an den Dingen dieser Welt sein wohliges Gefallen findet.

Keller schildert uns im Beginn seiner Dichtung einen jungen Gelehrten, Herrn Ludwig Reinhart, der über seinen naturwissenschaftlichen Studien seit Jahren das Menschenleben fast vergessen, vergessen, daß auch er einst gelacht und gezürnt, thöricht und klug, froh und traurig gewesen. Die ganze Behausung dieses modernen Doktor Faustus ist erfüllt von Fläschchen und Lampen, Röhren und Schalen, Mineralien und Schädeln, und wo man ein Buch aufschlägt, da erblickt man sicherlich den lateinischen Gelehrtendruck, Zahlensäulen und Logarithmen, aber nirgends ein ehrliches deutsches Wort, das von menschlichen oder moralischen Dingen, von Herzensangelegenheiten und der Welten Lauf berichtete. Und just will sich der Herr Reinhart wieder an die Arbeit begeben, die ihn seit vielen Tagen fesselt, als ein leiser, stechender Augenschmerz sich fühlbar macht und ihn einen Augenblick zum Nachdenken zwingt. Und plötzlich — ist es, weil er den Morgenglanz in sein Arbeitsgemach hineingelassen, ist es, weil mit dem Frühgolde eine frische Sommermorgenluft daherwehte — plötzlich regt sich das Verlangen, das so lange in ihm geschlummert, mit zwingender Gewalt, das Verlangen: Hinaus in die Welt, in die schöne Welt! Aber nicht der geringste Anhalt, nicht das kleinste Verhältniß zur Uebung menschlicher Sitte will ihm einfallen; er hat sich vereinsamt und abgeschlossen und es bleibt still, dunkel und unleidlich um ihn her. Er eilt zu einem entlegenen Schranke, wo eine verwahrloste Menge von halbvergessenen Büchern lagern und zieht einen staubbedeckten Band hervor: Lessing; diesen schlägt er auf, und sein Blick fällt auf den Logau'schen Spruch:

> Wie willst du weiße Lilien zu rothen Rosen machen?
> Küß eine weiße Galathee: sie wird erröthend lachen.

Sogleich leuchtet ihm die tiefe Klarheit der Vorschrift ein, und froh des prächtigen Rathes, froh, nun den Faden zu besitzen, an dem er den Weg zurück ins Leben finden mag, beschließt er, die Richtigkeit des Recepts zu erproben; er läßt ein Pferd satteln und reitet zum Thore hinaus, entschlossen, nicht eher zurückzukehren, bis ihm der lockende und, so glaubt er, einfache Versuch gelungen.

So schildert Keller die ersten Abenteuer, welche sein Held zu bestehen hat:

Als Reinhart eine Weile in den thauigen Morgen hineingezogen, wo hier und da Sensen blinkten und frische Heuerinnen die Mahden auf den Wiesen ausbreiteten, kam er an eine lange und breite, sehr schöne Brücke, welche der Frühe wegen noch still und unbegangen war, und wie ein leerer Saal in der Sonne lag. Am Eingange stand ein Zollhäuschen von zierlichem Holzwerk, von blühenden Winden bedeckt, und neben dem Häuschen klang ein klarer Brunnen, an welchem die Zöllnerstochter eben das Gesicht gewaschen hatte und sich die Haare kämmte. Als sie zu dem Reiter herantrat, um den Brückenzoll zu fordern, sah er, daß es ein schönes blasses Mädchen war, schlank von Wuchs, mit einem feinen, lustigen Gesicht und kecken Augen. Das offene braune Haar bedeckte die Schultern und den Rücken, und war wie das Gesicht und die Hände feucht von dem frischen Quellwasser.

„Wahrhaftig, mein Kind!" sagte Reinhart, „Ihr seid die schönste Zöllnerin, die ich je gesehen, und ich gebe Euch den Zoll nicht, bis Ihr ein wenig mit mir geplaudert habt!"

Sie erwiderte: „Ihr seid bei Zeiten aufgestanden, Herr, und schon früh guter Dinge. Doch wenn Ihr mir noch einige Mal sagen wollt, daß ich schön sei, so will ich gern mit Euch plaudern, so lang es Euch gefällt, und Euch jedesmal antworten, daß Ihr der verständigste Reiter seid, den ich je gesehen habe!"

„Ich sage es noch ein Mal; der diese schöne neue Brücke gebaut und das kunstreiche Häuschen dazu erfunden, muß sich erfreuen, wenn er solche Zöllnerin davor sieht!"

„Das thut er nicht, er haßt mich!"

„Warum haßt er Euch?"

„Weil ich zuweilen, wenn er in der Nacht mit seinen zwei Rappen über die Brücke fährt, ihn etwas warten lasse, eh' ich herauskomme und den Schlagbaum aufziehe; besonders wenn es regnet und kalt ist, ärgert ihn das in seiner offenen Kalesche."

„Und warum zieht Ihr den Schlagbaum so lang nicht auf?"

„Weil ich ihn nicht leiden kann!"

„Ei, und warum kann man ihn nicht leiden?"

„Weil er in mich verliebt ist und mich doch nicht ansieht, obgleich wir miteinander aufgewachsen sind. Ehe die Brücke gebaut war, hatte mein Vater die Fähre an dieser Stelle; der Baumeister war eines Fischers Sohn da drüben, und wir fuhren immer auf der Fähre mit, wenn Leute übersetzten. Jetzt ist er ein großer Baumeister geworden und will mich nicht mehr kennen; er schämt sich aber vor mir, die ich hübsch bin, weil er immer eine buckelige, einäugige Frau im Wagen neben sich hat."

„Warum hat er, der so schöne Werke erfindet, eine so häßliche Frau?"

„Weil sie die Tochter eines Rathsmannes ist, der ihm den Brückenbau verschaffen konnte, durch den er groß und berühmt geworden. Jener sagte, er müsse seine Tochter heirathen, sonst solle er die Brücke nicht bauen."

„Und da hat er es gethan?"

„Ja, ohne sich zu besinnen; seitdem muß ich lachen, wenn er über die Brücke fährt; denn er macht eine sehr traurige Figur neben seiner Buckligen, während er Nichts als schlanke Pfeiler und hohe Kirchthürme im Kopfe hat."

„Woher weißt Du aber, daß er in Dich verliebt ist?"

„Weil er immer wieder vorüberkommt, auch wenn er einen Umweg machen muß, und dann mich doch nicht ansieht!"

„Habt Ihr denn nicht ein wenig Mitleid mit ihm, oder seid Ihr am Ende nicht auch in ihn verliebt?"

„Dann würde ich Euch Nichts erzählen! Einer, der eine Frau nimmt, die ihm nicht gefällt, und dann Andere gern sieht, die er doch nicht anzuschauen wagt, ist ein Wicht, bei dem nicht viel zu holen ist, meint Ihr nicht?"

„Sicherlich! Und um so mehr, als dieser also recht gut weiß, was schön ist; denn je länger ich Euch und diese Brücke betrachte, desto lauter muß ich gestehen, daß es zwei schöne Dinge sind! Und doch nahm er die Häßliche nur, um die Brücke bauen zu dürfen!"

„Aber er hätte auch die Brücke fahren lassen und mich nehmen können, und dann hätte er auch etwas Schönes gehabt, wie Ihr sagt!"

„Das ist gewiß! Nun, er hat den Nutzen für sich erwählt, und Ihr habt Euere Schönheit behalten! Hier seid

Ihr gerade an der rechten Stelle; viele Augen können Euch da sehen und sich an dem Anblick erfreuen!"

„Das ist mir auch lieb und mein größtes Vergnügen! Hundert Jahre möchte ich so vor diesem Häuslein stehen und immer jung und hübsch sein! Die Schiffer grüßen mich, wenn sie unter der Brücke durchfahren, und wer darüber geht, dreht den Hals nach mir. Das fühl' ich, auch wenn ich den Rücken kehre, und weiter verlang' ich Nichts. Nur der Herr Baumeister ist der Einzige, der mich nie ansieht, und es doch am Liebsten thäte! Aber nun gebt mir endlich den Zoll und zieht Euere Straße, Ihr wißt nun genug von mir für die schönen Worte, die Ihr mir gegeben!"

„Ich 'gebe Dir den Zoll nicht, feines Kind, bis Du mir einen Kuß gegeben!"

„Auf die Art müßte ich meinen Zoll wieder verzollen und meine eigene Schönheit versteuern!"

„Das müßt Ihr auch, wer sagt etwas Anderes? Würde bringt Bürde!"

„Zieht mit Gott, es wird Nichts daraus!"

„Aber Ihr müßt es gern thun, Allerschönste! So ein Bischen von Herzen!"

„Gebt den Zoll und geht!"

„Sonst thu' ich es selbst nicht; denn ich küsse nicht eine Jede! Wenn Du's recht artig vollbringst, so will ich das Lob Deiner Schönheit verkünden und von Dir erzählen, wo ich hinkomme; und ich komme weit herum!"

„Das ist nicht nöthig; alle guten Werke loben sich selbst!"

„So werde ich dennoch reden, auch wenn Ihr mich nicht küßt, beste Schöne! Denn Ihr seid zu schön, als daß man davon schweigen könnte! Hier ist der Zoll!"

Er legte das Geld in ihre Hand; da hob sie den Fuß

in seinen Steigbügel, er gab ihr die Hand und sie schwang sich zu ihm hinauf, schlang ihren Arm um seinen Hals und küßte ihn lachend. Aber sie erröthete nicht, obgleich auf ihrem weißen Gesicht der bequemste und anmuthigste Platz dazu vorhanden war. Sie lachte, noch, als er schon über die Brücke geritten war und noch einmal zurückschaute.

Für's Erste, sagte er zu sich selbst, ist der Versuch nicht gelungen; die nothwendigen Elemente waren nicht beisammen. Aber schon das Problem ist schön und lieblich, wie lohnend müßte erst das Gelingen sein!

Hierauf durchritt er verschiedene Gegenden, bis es Mittag wurde, ohne daß ihm eine weitere günstige Gelegenheit aufgestoßen wäre. Jetzt erinnerte ihn aber der Hunger daran, daß es Zeit zur Einkehr sei, und eben, als er das Pferd zu einem Wirthshause lenken wollte, fiel ihm der Pfarrherr des Dorfes ein, welcher ein alter Bekannter von ihm sein mußte, und er richtete seinen Weg nach dem Pfarrhause. Dort erregte er ein großes Erstaunen und eine unverhehlte Freude, die alsobald nach Schüsseln und Tellern, nach Töpfchen und Gläsern, nach Eingemachtem und Gebackenem auseinander lief, um das gewöhnliche Mittagsmahl zu erweitern. Zuletzt erschien eine blühende Tochter, deren Dasein Reinhart mit den Jahren vergessen hatte; überrascht erinnerte er sich nun wohl des artigen kleinen Mädchens, welches jetzt zur Jungfrau herangewachsen war, deren Wangen ein feines Roth schmückte und deren längliche Nase gleich einem ernsten Zeiger andächtig zur Erde wies, wohin auch der bescheidene Blick fortwährend ihr folgte. Sie begrüßte den Gast, ohne die Augen aufzuschlagen, und verschwand dann gleich wieder in die Küche.

Nun unterhielten ihn Vater und Mutter ausschließlich von den Schicksalen ihres Hauses und verriethen eine wundersame Ordnungsliebe in diesem Punkte; denn sie hatten alle ihre kleinen Erfahrungen und Vorkommnisse auf das Genaueste eingereiht und abgetheilt, die angenehmen von den betrübenden abgesondert und jedes Einzelne in sein rechtes Licht gesetzt und in reinliche Beziehung zum Andern gebracht. Der Hausherr gab dann dem Ganzen die höhere Weihe und Beleuchtung, wobei er merken ließ, daß ihm die berufliche Meisterschaft im Gottvertrauen gar wohl zu Statten käme bei der Lenkung einer so wunderbarlichen Lebensfahrt. Die Frau unterstützte ihn eifrigst und schloß Klagen wie Lobpreisungen mit dem Ruhme ihres Mannes und mit dem gebührenden Dank gegen den lieben Gott, der in dieser kleinen, friedlich bewegten Familie ein besonderes, fein ausgearbeitetes Kunstwerk seiner Weltregierung zu erhalten schien, durchsichtig und klar wie Glas in allen seinen Theilen, worin nicht ein dunkles Gefühlchen im Verborgenen stürmen konnte.

Dem entsprachen auch die vielen Glasglocken, welche mannigfache Familiendenkmale vor Staub schützten, sowie die zahlreichen Rähmchen an der Wand mit Silhouetten, Glückwünschen, Liedersprüchen, Epitaphien, Blumenkränzen und Landschaften von Haar, Alles symmetrisch aufgehängt und mit reinlichem Glase bedeckt. In Glasschränken glänzten Porzellantassen mit Namenszügen, geschliffene Gläser mit Inschriften, Wachsblumen und Kirchenbücher mit vergoldeten Schlössern.

So sah auch die Pfarrerstochter aus, wie wenn sie eben aus einem mit Spezereien durchdufteten Glasschranke käme, als sie, sorgfältig geputzt, wieder eintrat. Sie trug ein himmelblau seidenes Kleidchen, welches knapp genug einen rundlichen Busen umspannte, auf welchen die liebe, ernsthafte Nase immerfort hinab zeigte. Auch hatte sie zwei goldene Locklein entfesselt und eine schneeweiße Küchenschürze umgebunden; und sie setzte einen Pudding so sorgfältig auf den Tisch, wie wenn sie die Weltkugel hielte. Dabei duftete

sie angenehm nach dem würzigen Kuchen, den sie eben ge=
backen hatte.

Ihre Eltern behandelten sie aber so feierlich und ge=
messen, daß sie ohne sichtbaren Grund oftmals erröthete und
bald wieder wegging. Sie machte sich auf dem Hofe zu
schaffen, wo Reinhart's Pferd angebunden war, und in
eifriger Fürsorge fütterte sie das Thier. Sie rückte ihm ein
Gartentischchen unter die Nase und setzte ihm in ihrem Strick=
körbchen einige Brocken Hausbrod, halbe Semmeln und
Zwiebäcke vor, nebst einer guten Handvoll Salatblätter, auch
stellte sie ein grünes Gießkännchen mit Wasser daneben,
streichelte das Pferd mit zager Hand und trieb tausend
fromme Dinge. Dann ging sie in ihr Zimmerchen, um
schnell die unverhofften Ereignisse in ihr Tagebuch einzu=
tragen; auch schrieb sie rasch einen Brief.

Inzwischen ging auch Reinhart hinunter, um das Pferd
vorläufig bereit zu machen. Dieses hatte sich das Gieß=
kännchen an die Nase geklemmt und am Gießkännchen hing
das Strickkörbchen, und beide Dinge suchte das verlegene
Thier unmuthvoll abzuschlenkern, ohne daß es ihm gelingen
wollte. Reinhart lachte so laut, daß die Tochter es augen=
blicklich hörte und durch das Fenster sah. Als sie das Aben=
teuer entdeckte, kam sie eilig herunter, nahm sich ein Herz
und bat Reinhart beinahe zitternd, daß er ihren Eltern und
Niemand Etwas davon sagen möchte, da es ihr für lange
Zeit zum Aufsehen und zur Lächerlichkeit gereichen würde.
Er beruhigte sie höflich und so gut er konnte, und sie eilte
mit Körbchen und Kanne wie ein Reh davon, sie zu ver=
bergen. Doch zeigte sie sich bald wieder hinter einem Flieder=
busche und schien etwas Angelegentliches auf dem Herzen
zu haben. Reinhart schlüpfte hinter den Busch; sie zog
einen sorgfältig versiegelten, mit einer prachtvollen Adresse
versehenen Brief aus der Tasche, den sie ihm mit der ge=

flüsterten Bitte überreichte, das Schreiben, welches einen Gruß und wichtigen Auftrag enthielte, doch ja unfehlbar an eine Freundin zu bestellen, die unweit von seinem Reisepfade wohne.

Ebenso flüsternd und bedeutsam theilte ihr Reinhart mit, daß er sie in Folge eines heiligen Gelübdes ohne Widerrede küssen müsse. Sie wollte sogleich entfliehen; allein er hielt sie fest und lispelte ihr zu, wenn sie sich widersetze, so würde er das Geheimniß von der Gießkanne unter die Leute bringen, und dann sei sie für immer im Gerede. Zitternd stand sie still, und als er sie nun umarmte, erhob sie sich sogar auf die Zehen und küßte ihn mit geschlossenen Augen, über und über mit Roth begossen, aber ohne nur zu lächeln, vielmehr so ernst und andächtig, als ob sie das Abendmahl nähme. Reinhart dachte, sie sei zu sehr erschrocken, und hielt sie ein kleines Weilchen im Arm, worauf er sie zum zweiten Male küßte. Aber ebenso ernsthaft wie vorhin küßte sie ihn wieder und ward noch viel röther, dann floh sie wie ein Blitz davon.

Als er wieder ins Haus trat, kam ihm der Pfarrherr heiter entgegen und zeigte ihm sein Tagebuch, in welchem sein Besuch bereits mit erbaulichen Worten vorgemerkt war, und die Pfarrfrau sagte: „Auch ich habe einige Zeilen in meine Gedenkblätter geschrieben, lieber Reinhart, damit uns Ihre Begegnung ja recht frisch im Gedächtnisse bleibe!"

Er verabschiedete sich aufs Freundlichste von den Leuten, ohne daß sich die Tochter wieder sehen ließ.

Wiederum nicht gelungen! rief er, nachdem er vom Pfarrhofe weggeritten, aber immer reizender wird das Kunststück, je schwieriger es zu sein scheint!

Wie nun aber das Problem seine heimlichen Schwierigkeiten weiter offenbart, wie der Forscher bei der thörichten

Jungfrau von Waldborn einen Rückschritt vermeidet und des Wunsches Erfüllung sich ihm entzieht, bis er die Tragweite des Unternehmens und seinen tieferen Sinn zu ahnen beginnt, wie dann endlich nach vielen Fährlichkeiten das Sinngedicht sich bewährt und Reinhart und seine Lucie in den Hafen der Ehe einlaufen — an alles das will ich hier nicht weiter erinnern, das muß man im Buche selber lesen, um den ganzen Reiz dieser Dichtung zu empfinden, ihren Humor und ihre Poesie, die überlegene Ironie und den unschuldig heiteren Scherz, den ernsten Schönheitssinn und die helle Lebensfreude, die frische Abenteuerlust eines jugendlichen Geistes bei all der milden, gereiften Weisheit des Alters. Nein, wirklich, ich kann mich nicht entsinnen, seit vielen Jahren, durch eine Dichtung von Anfang an in eine so reine, heitere, sonnige Welt versetzt, so ohne allen Widerspruch, ohne alles Herbe und Krasse in dieser Stimmung erhalten worden zu sein, wie es in den entzückenden Anfangskapiteln des „Sinngedichtes" geschieht durch diese „fortgesetzt anmuthigen Begegnungen;" wie viele Leser wohl, wenn sie die Gestalten des Dichters an sich vorüberziehen lassen, sagen mit den Worten Reinhart's: „Wie voll ist doch diese Welt von schönen Geschöpfen" und erfreuen sich daran, wie jene langen Rechnungen über Lust und Unlust, die unsere modernen Shylocks so eifrig aufsetzen und dem Himmel so mürrisch entgegenhalten, hier für einmal wenigstens ausgeglichen werden.

Eines allerdings muß man auch hier dem Dichter nachsehen, wenn man ihm ohne Anstoß folgen soll: den Stil seiner Kunstübung, die eigenthümliche Vermischung von ganz Phantastischem mit ganz Realistischem, welche die Physiognomie von Keller's Dichten bestimmt. Wer es nicht vertragen kann, wenn sein Autor einmal einen kapriziösen Seitensprung thut, wer immer hübsch auf der staubigen Mittelstraße der Alltäglichkeit bleiben will und alles, was die sogenannten Gesetze der Wahrscheinlichkeit verletzt, weit von sich weist — der lasse das „Sinngedicht" lieber ungelesen, oder er wird nicht zum reinen Genuß des Werkes gelangen, in dem das Romantische und das Moderne so ganz eigen sich durchbringen zu neuen Schöpfungen: realistischen Märchen aus der Gegenwart.

Eigenartig, wie der Inhalt, ist die Form des „Sinngedichts:" die Geschichte vom Kußproblem nur eine Rahmenerzählung, von deren handelnden Personen, Reinhart, Lucie und dem Oberst-Onkel, sechs selbstständige Novellen vorgetragen werden. Die Art, wie diese in den Rahmen eingefügt werden, der doch, im Unterschied vom Decamerone Boccaccio's und den verwandten Vorbildern, eine Novelle für sich bildet, wäre künstlerisch bedenklich, wenn nicht jene sechs zu einander in genauester Beziehung ständen und wiederum für sich ein Ganzes ausmachten. Nur das Problem dieses Ganzen mit der Kußgeschichte innerlich zu verknüpfen, ist dem Dichter nicht gelungen, und ein Riß zwischen dem Rahmen und dem Bilde ist nicht zu verkennen.

Und dieses Grundmotiv der sechs Novellen? Soll ich es mit einem Schlagwort bezeichnen, so würde ich sagen, Keller setzt sich hier mit der Frage der Frauenemancipation auseinander. Aber wie setzt er sich mit ihr auseinander! Als der echte Poet, der er ist, läßt er zunächst alles leere Theoretisiren, alle in Gesprächsform gekleideten Abhandlungen, Parlamentsreden und Feuilletons bei Seite, er läßt die verschiedenen Standpunkte von lebendigen Personen vertreten, den Standpunkt des Mannes durch Reinhart, der Frau durch Lucie, läßt jeden zur Bestätigung seiner Auffassung seine Geschichte erzählen, so rund und schön und wahr, als er es vermag, um dann erst, im Anschluß an das Erzählte, kurz die Moral von der Geschichte zu formuliren. Er läßt aber weiter die Frage der Emancipation im Allgemeinen schnell wieder fallen, um sich sogleich und mit aller Energie auf den Kernpunkt zu concentriren: auf das Verhältniß — nicht der Frau zur Welt, sondern — der Frau zum Manne. So gut, wie ich sagte, daß er das Problem der Emancipation zum Grundthema nimmt, könnte man also sagen, daß es sich um das Problem der Ehe handelte, um die Frage, ob die Gleichberechtigung der Geschlechter in der Ehe zum Heile oder zum Uebel ausschlage, ob sie nothwendig oder nützlich, ein Wünschenswerthes für den Mann oder für die Frau sei. Und weiter, ob der Mann, der unter seinem Stande, oder unter seinem Verstande, die Gattin wählt, eher zu bewundern oder zu verspotten ist, ob es das Zeichen einer freien oder unfreien Seele, eines Idealisten oder eines Egoisten ist, wenn er sich als den Gärtner und Bildner empfindet, der das verkümmerte Myrthenbäumchen wieder aufrichtet und aus dem schüchternen Naturkinde eine sichere Weltdame macht. Hat der Mann, hat

Reinhart Recht, wenn ihm die Gleichheit des Standes und des Geistes weniger unentbehrlich erscheint für eine glückliche Ehe, als ein „gründliches persönliches Wohlgefallen, das heißt, daß das Gesicht des Einen dem Andern ausnehmend gut gefalle;" oder hat Lucie Recht, wenn sie ihn wegen dieser „orientalischen Anschauungen" verspottet und ad absurdum führt?

Man sieht, daß es sich hier um ein ernstes und gewichtiges sociales Problem handelt; und Keller, indem er es ergriff, hat sich wieder, wie im „Grünen Heinrich," den „Mißbrauchten Liebesbriefen" und dem „Verlorenen Lachen," als ein ganz moderner Dichter erwiesen, der ein scharfes Auge besitzt für die Strömungen der Zeit, für die Bestrebungen und Auswüchse dieser Tage. Im Grunde geht sein Thema auf ein altes Motiv der deutschen Poesie zurück, auf den Conflict des Standesunterschiedes, welcher zu den Zeiten von Rousseau und dem jungen Goethe in der Literatur dominirte, in allen bürgerlichen Trauerspielen der Epoche seine Rolle spielte, und durch Schiller in „Kabale und Liebe" seine ergreifendste Gestaltung erfuhr. Hier, wie in allen Werken, die vorangingen und folgten, war die Heirath der erstrebte oder wirkliche Abschluß; der Gedanke, daß erst nach der Hochzeit der eigentliche Conflict beginnen könne, taucht erst in unserem Jahrhundert auf, zuerst, nur ganz flüchtig, bei Immermann im „Oberhof," dann, jedermann weiß mit welch bedeutender Wirkung, in Auerbach's „Dorf und Stadt." Es geht eine gerade Linie von hier zu Werken wie Gustav Freytag's „Verlorener Handschrift," welche denselben Conflict zwischen höherer und niederer Bildung behandelt, und zu unserm „Sinngedicht."

Bemerkenswerth, wie dieser Zusammenhang, ist noch ein anderer, wie mir scheint, welcher Keller's Novellencyklus mit dem viel besprochenen Werke eines ganz anders gearteten Dichters verbindet: ich meine Henrik Ibsen's Schauspiel „Nora." Auch diese Dichtung dreht sich ja im Grunde um dieselbe Frage, auch hier polemisirt der Autor gegen den Egoismus des Mannes, der in seiner Gattin nicht die gleichberechtigte Genossin, sondern eher ein zu überwachendes und aufzuziehendes Kind, ein zerbrechliches Spielzeug aus dem „Puppenheim" sieht und der zuletzt neben der reinen uud wahrhaft sittlichen Empfindung der Frau als ein brutaler, unmoralischer Selbstling dasteht.

Aber wie viel bitterer und heftiger ist die Satire des Norwegers als die des Schweizers, wie viel ernster ist er in seinem letzten Akt der Gefahr verfallen, an Stelle der Dichtung die pure, unpoetische Tendenz vorzutragen! Mag auch das brennende sociale Interesse, dem das Werk Ibsen's in seiner Heimath begegnete, zunächst durch diese schärfere Zuspitzung erzeugt worden sein, und mag auch die mehr spielende, graziös=humoristische Behandlung desselben Themas durch Keller eine weniger laute Debatte hervorrufen — für uns handelt es sich nicht um das sociale Problem als solches, sondern um seine poetische Realisirung; und im Bereiche der Kunst ist es zweifellos Gottfried Keller gewesen, welcher die vollendetere Schöpfung gegeben hat.

V.

„O Staatsschreiber von Zürich, ihr schreibt staatsmäßig! Aber mehr! mehr!" so apostrophirte unseren Dichter einst Friedrich Vischer. Seitdem hat Keller in der That einiges „mehr" geschrieben; aber zu den bänderreichen Autoren gehört er auch heute nicht. Dennoch, wenn wir mit einem Blick seine Dichtung zu überschauen suchen — welch unerschöpflicher Reichthum offenbart sich, welche Fülle und Fülle von Erfindungen, Charakteren, Motiven, Stimmungen, Farben! Wir erhalten das Gefühl, daß Alles, was der Dichter gegeben, ihn dennoch nicht ärmer gemacht, daß es nur Theile sind eines unendlichen und stets neu anwachsenden Vermögens. Wir blicken in einen tiefen Schacht hinein: herrliche Schätze sind bereits zu Tage gefördert, aber der Reichthum der Adern ist nicht geringer geworden und jede Stunde noch kann neue aufdecken. Ueber alle Töne gebietet der Dichter und über alle Stile: jetzt giebt er die beschauliche, behagliche Aufzeichnung, die von der Hast der modernen Erzählung so gar nichts weiß, jetzt die entschlossene, gedrungene, nur das Wesentliche berührende, wie sie den alten Italienern und Spaniern eigen ist; hier spricht er im Tone der alten Volksbücher, derb und carifirend, dort bringt er ein duftiges Märchen, eine zarte Legende, da wieder einen gesalzenen Schwank und ein grausiges Nachtstück.

Gewiß, Keller hat das Recht, über den armseligen Viggi Störteler sich lustig zu machen, er arbeitet nicht mit dem Notizbuch; ungefragt strömt ihm alle Stimmung und alle Kenntniß zu, wie er sie braucht. Alles weiß er und alles versteht er, dieser wunderbare Mensch, er weiß wie der Weinbauer verfährt, und der Ackerbauer, er weiß, wie man die Leute barbiert, und wie der Holzhandel betrieben werden muß, wie man Kirschbäume pflanzt und Seide webt, wie man ein Gewehr auseinander nimmt und eine Flöte zusammensetzt, was man aus Braunkohlen machen kann und wie der Naturforscher die Geheimnisse des Lichts er= gründet. Alles das stellt er dar, als hätte er es sein Leb= tag getrieben, so lebendig und gegenwärtig ist es ihm, und er stellt es dar mit der reinsten Freude an den Dingen. Aber er weiß auch, wo es Noth ist, weise Beschränkung zu üben; er ist sich bewußt, daß es Dinge giebt, die sich nicht schildern lassen, und er sagt dies zuweilen ganz offen heraus: er verzichtet nicht nur, in „Romeo und Julia auf dem Dorfe," auf jedes Detail, sei es der Situation, sei es des Dialoges, von dem Augenblick an, wo die Liebenden sich aufs Schiff schwingen, sondern er bemerkt auch, daß die erste Unterredung zwischen Viggi und Kätter, zwischen Regel Amrain und ihrem Gatten „nicht zu beschreiben" sind.

Indessen, trotz allen Reichthums des Inhalts und der Form, lassen sich, wie bei jedem Dichter, auch bei Keller gewisse Grundzüge entdecken, gewisse Lieblingsmotive und =Figuren, welche seiner besonderen, scharf ausgeprägten Individualität entspringen. Manche solcher übereinstimmenden Züge haben wir im Verlauf dieser Betrachtung bereits gesammelt und wir wollen an dieser Stelle besonders Keller's Charaktertypen ins Auge fassen.

Da sind zunächst die männlichen Helden. Für eine ganze Reihe von ihnen kann der grüne Heinrich als Grundtypus gelten, besonders in dem Verhältnisse zur Geliebten. Wie Heinrich auch sonst bei einem reichen Innenleben der Außenwelt fremd und ungeschickt gegenüber steht, so ist er vor der Geliebten, wie sehr er sich im Innern mit ihr eins fühlt, verschlossen und blöde. Gleich bei dem frühesten kindlichen Abenteuer mit der Darstellerin des Gretchens spricht er von der „natürlichen Blödigkeit vor dem lebendigen Weibe." Die lebendige Gegenwart der Frau ist es also, die ihm den Athem benimmt: weiß er die Geliebte fern, so ist er muthig und unternehmend — in Gedanken, seine Phantasie ist nicht zaghaft, sich das Zusammensein auszumalen, er führt ganze Gespräche und bringt wohl auch seine Empfindungen aufs Papier. Solches ist für ihn eine „befreiende That," aber keineswegs hat er ein starkes Bedürfniß, nun der Geliebten jenes Bekenntniß vor die Augen zu bringen: auch hier ist ihm die Hauptsache, daß er mit sich selbst im Reinen ist und gegenüber diesem inneren Genügen tritt alles Aeußere mehr zurück. Das eine Mal läßt er seine Liebeserklärung schwimmen, dem Rheine und dem Meere zu, das andere Mal bietet er sie dem Himmel zur Lectüre an; als aber ein Windstoß sie ihm entführt, ist er froh, sie „aus dem Bereich seines Willens einer allfälligen Entdeckung ausgesetzt zu wissen"; und als sie wirklich aufgefunden wird und vor die Geliebte gelangt, ist er wiederum froh, daß er ihre Wirkung sich selbst überlassen kann, ohne „mit seiner Person unmittelbar dazu zu stehen." Das Einsetzen seiner Person also, Auge im Auge der Geliebten gegenüber, macht ihm Beschwerden und ihm wird es nicht so gut, wie dem Ritter Zendelwald, für den Maria die Reden wirklich führt, die er nur in Gedanken zu halten sich getraute. Ebenso empfindet der Held der „siebenundzwanzig Liebeslieder." Er ermahnt sich in der Nacht vor dem Hause seines Mädchens: „Nun ist es Zeit, mein Herz, mach dich hinzu! Nachtwandelnd weiß sie's nicht und lauscht in Ruh: Kannst Alles, Alles ihr zu Ohren bringen"; ebenso empfindet der lebendig Begrabene, er hat einst das Geständniß zurückgehalten und fragt sich nun: „Warum hab ich's der Einen nicht gesagt, Daß junge Liebe mir im Herzen sprosse? Ich hab' gezaudert und es nicht gewagt — Die Krankheit kam und diese tolle Posse." Und der graulockige Mann in dem Gedicht „Falsche Scham" bekennt: „Bei Einer hab' ich das Wörtchen verschluckt, Wie sehr es auch sterbend im Herzen gezuckt. Ich glaube, sie ahnt' es und lächelte fein; Doch weiß ich nicht, sang's in ihr Ja oder Nein."

Dieser Zweifel, ob es in der Geliebten Ja oder Nein singt, ist ein weiteres Hinderniß für Keller's Helden, „zu dem süßen Leben der Liebe das Wort zu finden." Denn eine rechte Gemüthsverfassung, so empfinden sie, flammt erst dann in der vollen und rückhaltlosen Liebe auf, wenn sie

Grund zur Hoffnung zu haben glaubt; und sie sind nur schwer geneigt, für ihre Person an solchen Hoffnungsgrund zu glauben. Heinrich zweifelt Dorothea gegenüber immer von Neuem; Theophilus, in „Dorothea's Blumenkörbchen," meint nicht leicht, „daß ihm Jemand aus freien Stücken besonders zugethan sei"; die Liebe des Ritters, in „Spiegel das Kätzchen" hätte „nie Jemand erfahren, wenn er nicht aufgemuntert worden wäre durch des Fräuleins Zuthunlichkeit." Gern contrastirt der Dichter mit der mißtrauischen Zurückhaltung seiner Helden die übergroße Unternehmungslust Anderer: was Heinrich sich nicht zutraut, hofft der Feuerbachapostel Gilgus zu erobern und von allen Rittern, die auf dem Schloß Vertradens noch geweilt haben, ist Zendelwald „der Einzige, der nicht daran dachte, diesen Preis erringen zu können." Um ihre Empfindungen besser zu verbergen, nehmen sie ein mürrisches und abstoßendes Wesen an: sie schmollen. Heinrich schmollt mit Anna und Dorothea, Pankraz mit Lydia, Dietegen mit Küngolt, und je länger dieses Schmollen andauert, desto schwerer wird es ihnen, auch das gleichgiltigste Wort an ihre Mädchen zu richten. „Anna einmal einfach bei der Hand zu nehmen und anzureden," erzählt Heinrich, „schien mir eine reine Unmöglichkeit; lieber hätte ich einen Drachen geküßt, als so leichtsinnig die Schranke gebrochen, obgleich es vielleicht nur an diesem Drachenfuß hing, die schöne Jungfrau Vertraulichkeit aus der Verzauberung wieder zu gewinnen."

Das weibliche Ideal solcher schwer — nach außen — in Bewegung zu setzenden Liebenden ist natürlich die ihres

Gefühls ganz sichere und dem Geliebten halbwegs entgegen= kommende Frau und so beobachten wir denn in der That bei Keller's Mädchengestalten starke Initiativen, welche einer übermächtigen und durch nichts zu beirrenden Empfindung entspringen. Alle die Frauen, denen der grüne Heinrich begegnet, unternehmen es, da sie seiner Liebe gewiß sind, den Bann zu brechen: Anna bietet ihm auf dem Kirchhofe den Mund zum Kuß; Judith, Hulda, Dorothea geben ihm ihre Neigung zu erkennen. So thut die Dorothea der Legende, dem verschlossenen Theophilus gegenüber, so Kün= golt, noch völlig als Kind, und doch charakteristisch, gegen= über dem Dietegen. Hadlaub singt zwar Fides von ferne an, aber den ersten ernsten Schritt macht das Mädchen, nicht der Mann. Figuren, denen jene Sicherheit abgeht, und die wohl gar, wie Lydia in „Pankraz," oder das an= gebliche Fräulein Spiegel's des Kätzchens, mit den ernst und tief Liebenden ihr Spiel treiben, werden mit der per= sönlichsten Abneigung von dem Dichter gezeichnet und für ihren Eigennutz gestraft. Dasjenige, was Pankraz in seiner Lydia zu finden glaubt, das sind die anderen in Wahrheit: schöne und unwandelbare Sterne gleich den Frauengestalten Shakespeare's. „Wenn ich diese schönen Bilder der Des= demona, der Helena, der Imogen sah," so erzählt Pankraz, „die alle aus der hohen Selbstherrlichkeit ihres Frauenthums heraus so seltsamen Käuzen nachgingen und anhingen, rück= haltlos wie unschuldige Kinder, edel, stark und treu wie Helden: gut! dachte ich, hier haben wir unseren Fall! Denn nichts anderes als ein solches festes, schön gebautes und grabaus fahrendes Frauenfahrzeug ist diese Lydia, die ihren Anker nur einmal und dann in eine unergründliche Tiefe auswirft und wohl weiß was sie will." Solchen seltsamen Käuzen hängen nach Jole, im „schlimm-heiligen Vitalis," Gritli in „Mißbrauchten Liebesbriefen," Ital Manesse's eilige Schöne im „Narren von Manegg," Nettchen in „Kleider machen Leute" — sie lassen nicht von den Geliebten, unbekümmert um das Urtheil der Welt. Am schönsten und aus dem tiefsten sittlichen Empfinden heraus hat das der Dichter in „Kleider machen Leute" dargestellt: Nach kurzem Schweigen, indem ihre Brust sich zu heben begann, stand Nettchen auf, ging um den Tisch herum, dem Mann entgegen und fiel ihm um den Hals mit den Worten: „Ich will Dich nicht verlassen! Du bist mein, und ich will mit Dir gehen trotz aller Welt!" So feierte sie erst jetzt ihre rechte Verlobung aus tief entschlossener Seele, „indem sie in süßer Leidenschaft ein Schicksal auf sich nahm und Treue hielt." Und im „Sinngedicht" vertheidigt noch einmal Reinhart diese Vorliebe der Frauen für seltsame Käuze: „Hat es denn nicht jederzeit gescheidte, hübsche und dabei anspruchsvolle Frauen gegeben, die aus freier Wahl mit einem Manne verbunden waren, der von diesen Vorzügen nur das Gegentheil aufweisen konnte, und haben nicht solche Frauen sich sogar einen Ruhm daraus gemacht? Und mit Recht! Denn wenn auch irgend ein den Anderen verborgener Zug ihre Sympathie erregte und ihre Anhänglichkeit rührte, so war diese doch eine Kraft und nicht eine Schwäche zu nennen!"

Aus dieser Besonderheit Keller'scher Männer und Frauen erklärt es sich, daß nur selten richtige und eigentliche Liebeserklärungen in seinen Dichtungen gemacht werden und am häufigsten die Liebenden einander einfach und ohne Weiteres um den Hals fallen. Im „Landvogt von Greifensee," bei einem Spaziergange, „steht Figura Leu still und sagt: ‚Ich muß einmal mit Ihnen sprechen, da ich sonst elendiglich umkomme. Zuerst aber dieses.' Damit schlang sie beide Arme um seinen Hals und küßte ihn." Im „Hadlaub" sprechen Hadlaub und Fides mit einem Kinde, und „über diesem Spiele fallen sich die zwei großen Leute um den Hals" und umfangen sich schweigend. In „Kleider machen Leute," als Wenzel der Geliebten „mit klopfendem Herzen im Wege steht und die Hände nach ihr ausstreckt, fällt sie ihm ohne Weiteres um den Hals und fängt jämmerlich an zu weinen." Im „grünen Heinrich," als Heinrich und Anna unter einem Spinnfaden „sich wegbücken, kommen sich ihre Gesichter so nahe, daß sie sich unwillkürlich küssen." Und im Ausgang des „Sinngedichts," als der verliebte Schuster und der Kanarienvogel ihren Gesang herausschmettern, entsteht „eine Art von Tumult in der Stube, von welchem hingerissen Lucie und Reinhart sich küssen."

Ein ebenso typischer Zug in Keller's Frauengestalten, wie die freie Sicherheit der Herzensmeinung, ist die Schalkhaftigkeit. Allen sitzt ihnen der Schalk im Nacken, den zarten und den festen, den kindlichen und den reifen, den übermüthigen und den harmlosen, den freien und den unterdrückten; und der Dichter versteht es meisterlich, in immer neuen Variationen, einer jeden aus seinem eigenen unerschöpflichen Vorrath genau die Portion Schalkheit zu geben, welche ihr zukommt. Von allen gilt, was Keller von Küngolt sagt: „es blieb immer ein Restchen von Schalkheit in ihr." Die Schalkheit einer sichern Natur besitzt Rosalie im „grünen Heinrich," Gritli in den „mißbrauchten Liebesbriefen"; die Schalkheit einer geistreichen Natur Dorothea im „grünen Heinrich," Figura Leu oder Lux. Wunderschön beschreibt der Dichter die Schalkheit Figura's, genannt Hanswurstel: „Sie lebte fast nur vom Tanzen und Springen und von einer Unzahl Späße, die sie mit und ohne Zuschauer zum Besten gab. Nur um die Zeit des Neumondes war sie etwas stiller; ihre Augen, in denen die Witze auf dem Grunde lagen, glichen dann einem bläulichen Wasser, in welchem die Silberfischchen unsichtbar sich unten halten und höchstens einmal emporschnellen, wenn etwa eine Mücke zu nahe an den Spiegel streift." Welcher Contrast zwischen der Schalkheit Figura's und der „ehrlichen Schalkhaftigkeit" der Fides, zwischen der übermüthigen Schalkheit in der Dorothea der Legende und der „Schalkheit der harmlosesten Art," welche der Magd Regine zugeschrieben wird. Und wie schön schildert Keller die leisen Spuren der Schalkheit in der Anna und im kleinen Meretlein, wie schön den Kampf des Ernstes und der Fröhlichkeit in dem armen Brenchen: „Immer war sein unterdrücktes Wesen bereit zur Lust aufzuspringen, wie ein gespannter Bogen. Feurige Lebenslust und Fröhlichkeit zitterte in jeder Fiber dieses Wesens und es sah höchst lieblich, unbedenklich und rührend sich an, wenn trotz alledem das gute Kind bei jedem Sonnenblick sich ermunterte und zum Lächeln bereit war."

Das Lächeln, als der natürliche äußere Ausdruck der inneren Fröhlichkeit und Schalkheit, hat für Keller eine besondere Wichtigkeit und es wird oft und immer neu von ihm beschrieben. So gleich in „Romeo und Julia auf dem Dorfe": „Sali sah Vrenchen an und sah eine allerliebste sonnenhelle Lustigkeit über des Mädchens Gesicht sich verbreiten. Es hatte die Ursache aber schon wieder vergessen und lachte nur noch auf eigene Rechnung dem Sali ins Gesicht. Dieser starrte auf die Augen, gleich einem Hungrigen, der ein süßes Weizenbrot erblickt und rief: Bei Gott, Vreeli! wie schön bist Du! Vrenchen lachte ihn nur noch mehr an und hauchte dazu aus klangvoller Kehle einige kurze muthwillige Lachtöne, welche dem armen Sali nicht anders dünkten als der Gesang einer Nachtigall." Um von den Frauen der finsteren Ruechensteiner das Aergste auszusagen, berichtet der Dichter, daß sie so streng blickten, so unfreundlich und sauer, „daß man zweifelte, ob sie je in ihrem Leben gelacht"; und im „Verlorenen Lachen" hat er das Lachen zum Grundmotiv genommen und Jucundus und Justine, die mit dem gleichen schönen Lachen begabten, als durch eine unverkennbare Willensäußerung des Schicksals, durch mächtige Naturstimmen einander Zugehörige geschildert. In dem „Fähnlein der sieben Aufrechten" ist es das eigenthümliche Lachen Herminens, die lachende Süßigkeit ihres Blickes, welche Karl zu den fünfundzwanzig Treffern anspornt; im „Sinngedicht" endlich wird reizend dargestellt, wie in den beiden schwer gedrückten Frauen, in Zambo und der armen Baronin, zugleich mit der Liebe das Lächeln sich einfindet. Von Zambo heißt es: „Noch Niemand hatte sie lachen sehen, und Alle waren erstaunt über den Liebreiz, welcher sich wie aus dem Himmel geholt so unerwartet über die frembartigen Gesichtszüge verbreitete und eben so schnell wieder verschwand, als sie beschämt die Augen niederschlug." Und von der Baronin: „Es war wie eine erste Erfahrung in ihrem neu beginnenden Leben und ein schwacher röthlicher Schimmer verbreitete sich, gleich demjenigen auf den Rosen, über die blassen Wangen. Gleichzeitig verband sich mit dem Schimmer ein schon lieblich ausgebildetes Lächeln, vielleicht auch zum ersten Male in dieser Art und auf diesem Munde. Es war wie der leise Abglanz eines Sinngedichts, welches heißt: „Wie willst du weiße Lilien zu rothen Rosen machen? Küß eine weiße Galathee: sie wird erröthend lachen."

Meine Leser wissen, daß Keller dieses „erröthend lachen" zum Ausgangspunkt des „Sinngedichts" genommen, und daß er in dem alten Logau'schen Spruche eine „tiefere Bedeutung" findet. Beides, das Lachen wie das Erröthen, ist ihm nur ein äußeres Zeichen, ein Symbol für ein innerlich zu Grunde Liegendes: das Lachen entspringt der Freiheit des Geistes, das Erröthen der Unschuld des Herzens. „Zum Lachen braucht es immer ein wenig Geist, das Thier lacht nicht," sagt Reinhart. Darum mißlingt das Experiment bei der Pfarrerstochter: sie erröthet, aber lacht nicht, sie ist empfindsam, aber ohne Geist. Es mißlingt aber auch bei der Zöllnerin: sie lacht, aber sie erröthet nicht, denn sie hat zwar Geist, allein ihr Herz bleibt ruhig. Und es würde am vollständigsten mißlingen, wie mir scheint, bei der Waldhornjungfrau: sie würde weder erröthen, noch lachen, denn sie hat weder Empfindung noch wahren Geist. Einzig bei Lucie kann das Problem voll gelöst werden, sie entspricht dem Ideal des Dichters: sie hat Geist und Herz, sie erzählt sich mit Reinhart „alles mögliche Zeug" und ist doch im Stande zu erröthen „wie ein Confirmand." Bei ihr ist, wie in der Vorschrift des Gedichts, Alles „so einfach, so klar und richtig, so hübsch abgewogen und gemessen." „Gerade so muß es sein," scheint der Dichter mit Reinhart zu sprechen: erröthend lachen! Das Herz allein, „Güte ohne Salz und Wehrbarkeit," wirkt auf ihn, wie auf Pankraz den Schmoller, und den grünen Heinrich mit minderer Gewalt: „Denn wenn die offene klare Herzensgüte, was man so die Holdseligkeit am Weibe nennt, uns gewinnt, so bringt uns nachher, wenn wir in unserer Einfalt entdecken, daß die Geliebte nicht nur schön und gut, sondern auch gescheidt und beweglich ist, die fröhliche Kinderbosheit des Herzens vollends um Ruhe und Verstand."

So sehr aber der Dichter den Geist an der Frau schätzt, so sehr haßt er seine einseitige Ausbildung. Er ist ein erbitterter Gegner der Blaustrümpfe und Emancipirten, er stellt die blos kluge und zungenfertige, aber nicht gute, die eigennützige und herzlose Schöne mit den lebendigsten Farben dar. Solche Figuren sind Kätter in den „Mißbrauchten Liebesbriefen," Züs in den „gerechten Kammmachern," Violande in „Dietegen," und — als jüngste und ergötzlichste Figur —

die Malerin im „Sinngedicht." Besser kommt die Eugenia der Legende fort, die glücklich davon bekehrt wird, Schönheit, Anmuth und Weiblichkeit hintanzusetzen und in Männerkleidern dahinzutrollen. Es ist zumeist der Schönheitsanbeter in Keller, der sich gegen diesen „Neronischen" Trieb wendet, die Attribute des andern Geschlechts sich anzueignen, und der ihm den Ausruf entlockt: „Was werden das für traurige Zeiten sein, wenn es so kommt, daß mit den lichten Kleidern und den fliegenden Locken der jungen Mädchen und Frauen die Frühlingslust aus der Welt flieht!"

Dieser Schönheitsanbeter aber bethätigt sich natürlich nicht nur polemisch und negativ, sondern auch positiv in der Schöpfung schöner Frauenbilder. Neben die mehr geistreichen Frauen, eine Dorothea, Figura, Lux, Justine treten diejenigen, in welchen die Schönheit, wie in der Beatrix der Legende, in der Judith des Romans, oder in der Wendelgard des Landvogt, „sozusagen ohne alle andere Zuthat persönlich geworden," und es ist charakteristisch, daß diese beiden Frauenideale in dem Abbild des Dichters, im grünen Heinrich, sich bekämpfen bis zum Schluß: „Ja, neben der Erinnerung an Dortchen's Angesicht leuchtet mir Judith's Anblick fort wie ein Doppelstern. Beide Sterne sind gleich schön und doch nicht beide gleich in ihrem wahren Wesen." Doch auch damit sind Keller's Frauentypen nicht erschöpft: zu der schönen Schönheit kommt die sichere Schönheit, die bei sich selbst zu Hause ist, wie Gritli oder Fides, zu der geistreichen Schönheit die bescheidene und hingebende, wie Ursula. Wie prachtvoll schildert der Dichter die Fides: „In diesem Gesichte gab es keine unklaren topographischen Verhältnisse, keine unbestimmten oder überflüssigen Räume, Flächen und Linien, alle Züge waren bestimmt und Alles beseelt von der eigensten, süßesten Persönlichkeit. Die Schönheit war hier von innen heraus ernsthaft, wahr und untrüglich." Und mit wie viel Innigkeit schildert er die Ursula, eine so unendlich rührende Gestalt, wie sie nur dem großen Dichter gelingen kann: „Ihr stilles schlichtes Wesen, ohne allen Schein, weder schön noch häßlich, gut, wie das tägliche Brot, frisch, wie das Quellwasser, und rein, wie die Luft vom Berge, besiegte vor Hansli's Sinnen jeden fremden und gewaltsamen Glanz und das Zusammenwohnen mit ihr dünkte ihm so unentbehrlich, wie die Heimaterde selbst, welche den Menschen mit ihren treuen Maßliebaugen anschaut."

VI.

Keller ist bis in sein sechsundzwanzigstes Jahr Landschaftsmaler gewesen, und es ist daher oft, und zum Ueberdruß des Autors, der Versuch angestellt worden, die malerischen Qualitäten in seinen Dichtungen aufzuweisen. In der That bieten sich gleich auf den ersten Blick als eine Eigenthümlichkeit, die auf den malerischen Sinn zurückführt, die vielen Beschreibungen bei Keller dar: das ausmalende Verweilen, wo der moderne Leser vorüberhasten möchte; das genaue und wie gewohnheitsmäßige Schildern von Oertlichkeiten auch da, wo es die Sache selbst weniger fordert. Es geht dem Dichter wie Herrn Pineiß dem Hexenmeister, der den Dingen schnell noch ein Schwänzchen anhängt, ehe er sie aus seiner Hand entläßt, theils aus Privatleidenschaft, theils der Possierlichkeit wegen. Das letztere gilt besonders von den komischen Ausstattungen, mit denen er seine Figuren begabt, von dem Auge Gottes des Gilgus, von dem chinesischen Papptempel der Jungfer Züs oder von der Schlacht bei Waterloo, dem Meerschaum-Mazeppa und andern Attributen des John Kabys.

Allein eine andere und weit tiefer greifende Uebereinstimmung zwischen Keller, dem Maler, und Keller, dem

Dichter, hat meines Wissens noch Niemand hervorgehoben. Ich meine die Neigung für das Beziehungsreiche, Bedeutungsvolle und Sinnbildliche.

Für Keller, den Maler, erschließen wir diese Neigung aus demjenigen, was wir über des grünen Heinrich's Gemälde hören. „Ueberall," erzählt Heinrich, „suchte ich poetische Winkel und Plätzchen, geistreiche Beziehungen und Bedeutungen anzubringen." Und aus der Münchener Zeit wird uns berichtet: „Heinrich versenkte sich nun ganz in jene geistreiche und symbolische Art. Er ergriff diejenige Richtung, welche sich in reicher und bedeutungsvoller Erfindung, in mannigfaltigen, sich kreuzenden Linien und Gedanken bewegt. Immer geistreicher und gebildeter wurden seine Bäume, immer künstlicher und beziehungsreicher seine Steingruppirungen."

Nun aber Keller, der Dichter. Wer nur seine naive sinnliche Kraft, nicht seinen Tiefsinn im Auge hält, wird schwer geneigt sein, an Beziehungen und Symbolik bei ihm zu glauben. Und in der That muß von vornherein bemerkt werden, daß die Dinge zuerst und zunächst bei ihm stets nur um ihrer selbst willen dazustehen scheinen, so lebendig und greifbar sind sie. Zuerst sind sie etwas; dann „bedeuten" sie etwas. Nichts liegt mir ferner, als die Vermuthung von Vischer mir zu eigen zu machen, daß der Tod des grünen Heinrich nicht wörtlich zu nehmen sei, sondern etwa bedeute: der alte grüne Heinrich ist todt und ein neuer steht auf; oder die Auffassung des schweizerischen Literarhistorikers Robert Weber, daß in Anna die absterbende

Bläſſe des Idealismus und in Judith die farbige Natur=
wahrheit des Realismus perſoniſicirt ſei. Das iſt — mit
Verlaub — die Art der ſchlechten deutſchen Aeſthetik, aus
der wir heraus müſſen um jeden Preis und glücklicherweiſe
auch ſchon einigermaßen heraus ſind; das iſt dieſelbe Hegelei,
welche etwa erzählt, daß der böſe Geiſt im Fauſt „eigent=
lich" das Gewiſſen Gretchens „bedeute," und ſo der mytho=
logiſchen Figur, welche der Dichter geſchaffen, unbarmherzig
die Kleider vom Leibe reißt, bis ſie daſteht in frierender
Blöße. Solche Betrachtung würde Keller das größte Un=
recht thun: denn ſie überſähe, daß der Autor, gerade indem
er nicht bei der Vorſtellung ſtehen bleiben kann, ſondern ge=
zwungen iſt, ſie in Anſchauung umzuſetzen, ſich als ein
wahrer Dichter erweiſt; ſie überſähe, daß die Symbole, mit
denen er hantirt, „in Wirklichkeit und ohne Auslegerei die
Sache ſelbſt ſind, und nicht darüber ſchwimmen, wie die Fett=
augen über der Waſſerſuppe."

Symboliſch in dieſem Sinne iſt zum Exempel Heinrich's
Begegnung mit dem König und ſeinen Beamten. Der Re=
publikaner Heinrich hat bei ſeinem Eintritt in das König=
reich das Gefühl, als ob ihm jedes Poſtſchild zurieſe: Du
mußt dich auch zeichnen laſſen, wie ich, hier iſt Alles das
erſte und letzte Eigenthum eines einzelnen Menſchen! Und
je weniger er, wenn er recht thut, nach Jemandem zu fragen
hat, deſto läſtiger iſt es ihm, wenn er doch vor einer Namens=
chiffre den Hut abziehen ſoll. Statt nun bei dieſer ab=
ſtracten Aeußerung ſtehen zu bleiben — was thut der Dichter?
Er erfindet (im Anſchluß übrigens an wirkliche Vorkomm=

nisse) zwei Scenen, in denen Heinrich zu dem, wogegen er sich sträubt, vor unsern Augen gezwungen wird; er läßt ihm zweimal an demselben Tage das Abenteuer zustoßen, daß er, das eine Mal von den Beamten seiner Majestät, das andere Mal vom König selbst, handgreiflich genöthigt wird, nicht bildlich, sondern wörtlich, den Hut zu ziehen; und er malt besonders die Begegnung mit dem König in großer Anschau= lichkeit aus: „Ein hoher magerer Mann kam mit langen Schritten und wunderlichen Bewegungen durch das ersterbende Zwielicht daher und trat, als Heinrich ihn zerstreut ansah, plötzlich auf denselben zu und schlug ihm die Mütze vom Kopfe. „Warum gaffen Sie mich an und grüßen nicht?" rief er mit lauter Stimme. „Was ist das für eine Ungezogen= heit?" Heinrich sagte: „Ich kenne Sie ja gar nicht, Herr!" „So? Wissen Sie, ich bin der König! Artig sein, Respect haben, junger Mann!" und ohne eine fernere Rede abzu= warten, schritt er rasch von dannen. Ein innerer Vorgang, die Empfindungen des Republikaners in der Monarchie, ist hier echt dichterisch ins Aeußerliche und Sinnliche übertragen, ein Gemüthsproceß ist körperlich, sichtbar und greifbar ge= macht. Etwas Aehnliches läßt sich etwa im „Verlorenen Lachen" beobachten, als Justinen's aufgeklärter Glaube in die Brüche geht: der Autor sagt uns nicht etwa, daß sie nun Gefahr lief, in das Extrem der Gläubigkeit zu ver= sinken, in den Katholicismus, sondern er zeigt uns, wie der Katholicismus thatsächlich und wörtlich an sie herantritt, in jener armen Pilgerin, die auf ihren alten Füßen zur aller= seligsten Marie zieht, wie sie von ihr den Rosenkranz em=

pfängt, aber nach wenigen Augenblicken ihn mit Kopfschüt=
teln zurückgiebt, ohne ein Wort zu sagen.

Und nicht nur die symbolische Art, auch die Vorliebe
für poetische Winkel und Beziehungen haben Keller, der
Maler, und Keller, der Dichter, gemein. Ein jeder Dichter
kennt Parallelen und Contrastfiguren; aber was Keller da=
von giebt, ist von der allgemeinen poetischen Technik in diesen
Dingen durchaus verschieden. Es geht weit hinaus über
die Nebenhandlung, wie sie z. B. Shakespeare gestaltet im
„Lear" oder „Hamlet," über die Contraste Lear=Gloster und
Hamlet=Laertes, wenn Keller etwa die Stellung des grünen
Heinrich zwischen Anna und Judith nicht einfach, sondern
dreifach variirt wiederkehren läßt. Da ist zunächst Lys, der
zwischen Agnes und Rosalie steht, aber — im Gegensatz zum
Helden — rücksichtslos ist in seinem Wankelmuth und als
ein Mann, nicht als ein Kind, schnell des Schwankens ein
Ende findet. Da sind die beiden seltsamen Arbeiterpaare,
die eine Liebschaft „über's Kreuz" haben und — gleichfalls
im Gegensatz zum Helden — hinüber und herüber dem An=
trieb ihrer Willkür folgen. Da ist letztlich der unglückliche
Zwiehan, welcher das Schwanken zwischen Afra und Cor=
nelia theurer bezahlen muß, als der Held: es kostet ihn sein
Erbe und seinen Namen, es kostet ihn seine Identität. Wenn
in den beiden andern Fällen es sich um wirkliche, im Roman
auftretende Personen handelt, ist die Geschichte vom Zwie=
han eine kleine Novelle für sich, in welcher der Dichter ein
Erlebniß des Helden zur Hauptsache gemacht hat. Aehnlich
scheidet er in der Geschichte vom Meretlein eine seiner Eigen=

schaften, die Unfähigkeit, laut zu beten, aus und gewinnt aus ihr das Grundmotiv der Novelle, und eine Contrastfigur zu dem Helden.*)

Eine andere Contrastfigur zum Helden muß der Schulmeister Gilgus abgeben. Gilgus, wie der Heinrich des vierten Bandes, ist ein eifriger Gottesleugner; Gilgus, wie Heinrich, liebt Dorothea; Gilgus, wie Heinrich, kommt ohne Mittel auf das Schloß und nimmt die Gastfreundschaft des Grafen an. Und indem Heinrich die Karrikatur in ihm erkennt, gehen ihm über seine eigenen Schwächen die Augen auf; er wird veranlaßt, seine Streitlust zu mäßigen, sein Gefühl für Dorothea zurückzuhalten und er glaubt neben dem sonderbaren Gesellen als ein kaum minder abenteuerlicher Gast dazustehen. Auf der andern Seite: auch Gilgus steht zu seiner Mutter in nahem Verhältniß und gedenkt ihrer in Liebe; er erweckt damit das Gewissen des Helden, welcher empfindet, daß der Narr am Ende noch ein besserer Sohn ist als er, der da sitzt und die Mutter so gut als vergißt.

Gern zeigt der Dichter, wie ein und derselbe Charakter in verschiedenen Lebenslagen zu correspondirenden Erlebnissen geführt wird. Die drei großen Feste, welche Heinrich mitmacht, das Cadettenfest, das Tellfest, das Künstlerfest, nehmen alle für ihn ein schlechtes Ende; in diesem Sinne spricht Heinrich einmal die Ueberzeugung aus, „daß die Kindheit ein Vorspiel des ganzen Lebens ist und bis zu ihrem Ab-

---

*) Auf diesen Punkt hat bereits A. Frey im Berner „Bund" vom 6. März 1881 aufmerksam gemacht hat.

schlusse schon die Hauptzüge der menschlichen Zerwürfnisse im Kleinen abspiegele, so daß später nur wenige Erlebnisse vorkommen mögen, deren Umriß nicht wie ein Traum, wie ein Schema schon in unserem Wissen vorhanden ist." Schärfer noch werden in den Novellen solche Parallelen und Wiederholungen durchgeführt: Pankraz' Wiederkehr bildet „das rechte Seitenstück zu seiner ehemaligen Flucht und geht aus dem gleichen Grundton," John Kabys, der so viel von dem Schmieden seines Glückes gesprochen hat, wird schließlich ein wirklicher Schmied, Küngolt, die den Dietegen vom Tode gerettet hat, wird zuletzt von ihm selber gerettet und das Galgenhemd, in das sie als Kind im Scherz sich gekleidet, muß sie nun im grimmigen Ernste tragen. Jacques, der von seinem Herrn Pathen in die Lehre genommene, muß, um für seine erlangte Reife ein äußerliches Kennzeichen davonzutragen, zuletzt selber Pathe werden.

Es fragt sich aber nun, was der Dichter mit diesen Parallelen und Wiederholungen im Ausgange eigentlich bezweckt. Oder, correcter gesprochen, da vom Zweck hier kaum die Rede sein kann: welchem Antriebe, welchem Bedürfniß sie entspringen?

Ich meine wesentlich diesem einen: durch den vollendeten Kreislauf der Dinge das Ende entschiedener und kräftiger anzudeuten. Der Ring ist geschlossen, wenn das letzte Glied in das erste wieder eingreift. Keller begnügt sich nicht, wie so mancher andere Erzähler, eine Geschichte, so wie er sie gehört, weiterzugeben, unbekümmert darum, ob sie ein bloßes Abenteuer, ein Ereigniß, eine Anekdote, die erst den Keim einer Dichtung enthält. Er will, als er die Geschichte des Landvogts giebt, sie nicht nur „nacherzählen," sondern „Alles ordentlich eintheilen, abrunden und für unser Verständniß einrichten"; er läßt, als er die Jugendgeschichte Heinrich's giebt, die „dürftigen Ansätze seines Lebensmorgens zu seinem Vergnügen poetisch auswachsen." Es ist, wie man sieht, ein echt künstlerisches Empfinden, dieses Bedürfniß, abzurunden und einzutheilen, und in deutlichen Sinnbildern zu zeigen, daß das Problem endgiltig gelöst sei. Der Dichter haßt die unfertigen und abgebrochenen Geschichten, welche wie ein abgeschossenes Bein, mit der Veränderung der Jahreszeiten sich immer bemerklich machen, er giebt sich nicht eher zur Ruhe, als bis er ein reinliches Facit herausgerechnet und einen kräftigen Strich unter das Exempel gezogen hat. Und von dem Dichter überträgt sich das Gefühl auf seine Personen: Heinrich empfindet schon als Knabe in der Lügenzeit den Drang, dazu beizutragen, daß alle Dinge, an denen er betheiligt, „einen ordentlichen Verlauf" nehmen; er empfindet eine Befriedigung, daß der Roman, den er dem Lehrer aufbindet, durch die „poetische Gerechtigkeit so schön und sichtbarlich abgerundet wird"; er sträubt sich später im Elend dagegen (wie wir bereits sahen), München zu verlassen, ehe sein „Geschick die zur Rückkehr nothwendige klare und fertige Form angenommen." Denn ehe dies geschehen, in die Heimath zu gehen, erscheint ihm „ganz gewaltsam und wie aus der Schule gelaufen, ohne seine Tagesaufgabe gelöst zu haben." Auch im Einzelnen bewährt sich diese Vorliebe für den ordentlichen Verlauf und das Abrunden der Dinge: den Schädel des Zwiehan, den er aus der Heimath entführt, mag er nicht auf dem Grafenschlosse zurücklassen, sondern er besteht darauf, ihn wieder in die Heimath zurückzubringen, „wenn das auch als eine leere und unnütze Handlung erscheine." An solche Züge denkt der Graf, als er ihm einmal zuruft: „Sie leben in Symbolen, sozusagen, und das ist ein gefährliches Handwerk, besonders wenn es in so naiver Weise geschieht!" Daß diese „naive Weise" für den Dichter besonders gefährlich sei, werden wir freilich nicht zugeben können, und vielmehr in ihr die einzige und sichere Rettung von aller blos gedankenhaften Symbolik erkennen.

Und nicht nur Heinrich, das Abbild des Dichters, auch seine objectiveren Figuren leben naiv in Symbolen. Ein rührendes Symbol ist es, wenn die Magd Regine, da sie nicht fähig, in der höheren Lebenssphäre sich zu erhalten, in welche Erwin sie gestellt, sich erhängt — in dem letzten Kleid, welches sie einst als arme Magd getragen und die Bitte hegt, in diesem Gewande begraben zu sein. Als eine symbolische Handlung empfindet, wunderlich genug, Jungfer Züs den Wettlauf der drei gerechten Kammmacher: was die Thoren zum Muthwillen ausgesonnen, das sollen jene in eine sinnreiche Schlußhandlung umwandeln eines langjährigen Wohlverhaltens und Wettlaufes in der Tugend. Ebenso empfinden die sieben Aufrechten den Besuch des Freischießens als eine sinnreiche Handlung: sie gönnen sich an ihrem politischen Lebensabend „ein rechtes Schlußvergnügen" und können nun in Wahrheit sagen: Ende gut, Alles gut. Das ganze

Leben der Menschen wird von dem Dichter als ein peinliches und fein auszuarbeitendes Kunstwerk empfunden, ähnlich wie von dem Pfarrer im „Sinngedicht" und von Herrn Jacques in den Züricher Novellen, welcher „nach gehöriger Ausreifung aller Verhältnisse seine vorbestimmte Braut feierlich heimführte und so das Kunstwerk seiner ersten Lebenshälfte abschloß." Zu der schönsten Erfindung hat dieses Gefühl im „Landvogt" geführt, in welchem die reizende Vereinigung der fünf Geliebten an einem Tage die sinnreiche Schlußhandlung darstellt: „wer hätte gedacht," sagen wir mit Frau Marianne, „daß eine so lächerliche Geschichte, wie fünf Körbe sind, ein so erbauliches und zierliches Ende nehmen könnte." ...

Aber dasjenige, was ich vom Wesen Keller'schen Dichtens zu sagen hätte, wäre auch nicht annähernd erschöpft, wenn ich nicht, mit einem Worte wenigstens, noch einmal jenes Moments gedacht hätte, das seinem Dichten, auch wo es uns inhaltlich zum Widerspruch zwingt — denn welche Sonne wäre fleckenlos? — doch den fesselndsten Reiz verleiht: der Allgewalt der Darstellung. Das Höchste und das Tiefste, das Keuscheste und das Allerderbste, das „Herb' und Süße," das Erhabene und das Launige — für alle Töne finden sich auf des Künstlers Palette die Farben. Die schwierigsten Probleme des Gedankenlebens, die Fragen von der Freiheit des Willens und der Unsterblichkeit, hat er in einer wunderbar plastischen Sprache behandelt, und wiederum das Albernste, das Innenleben armer Tröpfe, mit der reinen Antheilnahme eines exacten Forschers, durchsichtig und in ergötzlichster Wahrheit geschildert. Ein eigenthümlicher Zauber lebt in dieser Sprache, eine gereiste Kraft, etwas stolz Gesättigtes und eine schlichte Fülle, die in der Abwesenheit alles dessen, was man Bücherluft nennt, um so ernster hervortritt.

Allein alles, was sich durch abstracte Begriffe zur Bezeichnung dieser durch und durch concreten Art sagen ließe, reichte nicht aus, die Sache, auf die es ankommt, auch wirklich deckend zu bezeichnen. Man müßte, um ihrem Geheimniß auf die Spur zu kommen, in einer methodischen Untersuchung den ganzen Bau nachconstruiren. Man müßte wiederum von ihren malerischen Qualitäten, von den Bildern und Vergleichen sprechen, die dem Dichter in unerhörter Neuheit, aus der wirklichen und der vorgestellten Welt, von der platten Erde und vom höchsten Himmel, zuströmen, und sie in ein System zu bringen suchen. Alle diese Arbeit jedoch, obgleich sie sicher eines Tages wird gethan werden müssen, an dieser Stelle zu leisten, scheint nicht thunlich. Aber das vielleicht ist möglich, zu guter Letzt in einem Bilde den Dingen näher zu kommen.

„Jede Hausfrau," hat der grüne Heinrich beobachtet, „verleiht ihren Speisen durch die Zubereitung einen Geschmack, welcher ihrem Charakter entspricht, und das genäschige oder nüchterne, weibliche oder spröde, hitzige oder kalte, das verschwenderische oder geizige Wesen der Köchin ausspricht. Die Speisen meiner Mutter hingegen ermangelten so zu sagen aller und jeder Besonderheit. Ihre Suppe war nicht fett und nicht mager, der Kaffee nicht stark und nicht schwach, sie verwendete kein Salzkorn zu viel und keines hat je gefehlt; sie kochte recht und schlecht, ohne Manierirtheit, wie die Künstler sagen, in den reinsten Verhältnissen; man konnte von ihren Speisen eine große Menge genießen, ohne sich den Magen zu verderben."

Nun, ich meine, was die Mutter im Hause war, das ist der Sohn im Bereiche der Dichtkunst; und wie der müdgetummelte Knabe, nachdem er im Uebermaß von allerlei Gerichten genascht, willig zur Hauskost der Mutter zurückkehrt, so genießen auch wir, die wir an so mancher schärfer gewürzten Speise, ach wie oft! uns übersättigt haben, freudig und dankbar das nahrhafte Gericht, das uns Meister Gottfried bereitet, zur höchsten Erquickung des Leibes und der Seele.

www.ingramcontent.com/pod-product-compliance
Lightning Source LLC
Chambersburg PA
CBHW022126160426
43197CB00009B/1173